本专著为2018年度河北经贸大学省级研究生示范课程——“资本市场专题”建设的最终成果

中国资本市场专题研究

封文丽　著

北　京
冶　金　工　业　出　版　社
2020

内 容 提 要

本书共分为7章。内容包括：从“引进来”、“走出去”及“双向开放”三个视角分析中国资本市场全面开放；从“产品”和“制度”两个层面探讨中国资本市场创新；IPO注册制改革及其配套制度建设；多层次资本市场体系中科创板的定价、交易、信息披露、退市等问题；上市公司并购的“中国中车”和“宝万之争”两个典型案例；分析《上市公司治理准则》和《中华人民共和国证券法》修订及其影响。

本书可作为研究生、本科生相关课程教材，也可为资本市场各类投资者、上市公司及监管机构等资本市场主体决策提供参考。

图书在版编目(CIP)数据

中国资本市场专题研究/封文丽著.—北京：冶金工业出版社，2020.8
ISBN 978-7-5024-8600-6

Ⅰ.①中…　Ⅱ.①封…　Ⅲ.①资本市场—专题研究—中国　Ⅳ.①F832.5

中国版本图书馆CIP数据核字(2020)第112970号

出 版 人　陈玉千
地　　址　北京市东城区嵩祝院北巷39号　邮编　100009　电话　(010)64027926
网　　址　www.cnmip.com.cn　电子信箱　yjcbs@cnmip.com.cn
责任编辑　杨盈园　王　双　美术编辑　郑小利　版式设计　禹　蕊
责任校对　王永欣　责任印制　禹　蕊
ISBN 978-7-5024-8600-6
冶金工业出版社出版发行；各地新华书店经销；三河市双峰印刷装订有限公司印刷
2020年8月第1版，2020年8月第1次印刷
169mm×239mm；10.5印张；205千字；160页
66.00元

冶金工业出版社　投稿电话　(010)64027932　投稿信箱　tougao@cnmip.com.cn
冶金工业出版社营销中心　电话　(010)64044283　传真　(010)64027893
冶金工业出版社天猫旗舰店　yjgycbs.tmall.com

前　言

中国资本市场自1990年12月19日上海证券交易所开业至今已历经近30年。而立之年，市场产品与制度创新不断，对外开放全面推进，多层次资本市场建设方兴未艾，上市公司并购风生水起，法律法规修订日臻完善，正朝着“规范、透明、开放、有活力、有韧性的资本市场”发展方向迈进。

本书围绕目前中国资本市场改革开放的热点问题，分别对全面开放、市场创新、IPO注册制改革及其配套制度建设、科创板、上市公司并购及法律法规修订等7个方面的专题进行了深入细致的分析，以期全面了解中国资本市场发展脉络，并试图探究有针对性地解决发展中所遇难题之策。

本书作为省级研究生示范课程——“资本市场专题”建设的最终成果，可作为大学教师授课教材，也可作为经管类学生研究参考文献或供中国资本市场投资者决策参考。由于时间、经验、学术水平、研究内容的时效性等因素所限，书中不足之处，恳请各位同仁予以斧正，以便更好地推进后续研究。

封文丽

2020年4月

目　录

第一章　中国资本市场全面开放专题 …… 1

第一节　中国资本市场全面开放之“引进来” …… 1

一、QFII、RQFII 制度 …… 1

二、债券市场开放 …… 3

三、资管市场开放 …… 3

四、证券期货业开放 …… 4

第二节　中国资本市场全面开放之“走出去” …… 5

一、QDII、QDLP 制度安排 …… 5

二、A 股纳入全球指数体系 …… 7

三、人民币债券市场被纳入国际债券指数 …… 10

四、H 股全流通 …… 12

第三节　中国资本市场全面开放之“双向开放” …… 13

一、沪港通 …… 13

二、深港通 …… 14

三、沪伦通 …… 16

四、债券通 …… 20

第二章　中国资本市场创新专题 …… 22

第一节　中国资本市场制度创新 …… 22

一、融资融券交易制度 …… 23

二、新三板做市商制度 …… 25

三、新三板分层制度 …… 26

四、区域性股权交易市场 …… 31

五、绿色 IPO 制度 …… 33

六、大发审委制度 …… 33

第二节　中国资本市场产品创新 …… 34

一、债券类创新产品 …… 35

二、期货类创新产品 …… 38
三、期权类创新产品 …… 45
第三章 IPO 审核制度改革——注册制专题 …… 49
第一节 我国 IPO 发行审核制度的历史变迁 …… 49
一、IPO 发行审批制 …… 49
二、IPO 发行核准制 …… 50
第二节 未来改革方向——IPO 注册制 …… 52
一、注册制的实质内涵 …… 53
二、注册制实施进程 …… 54
三、注册制实施后的影响 …… 56
四、注册制改革的目标与路径 …… 59
第三节 国际 IPO 注册制的比较与借鉴 …… 61
一、美国注册制 …… 61
二、日本注册制 …… 63
三、中国香港的注册制 …… 64
四、比较与借鉴 …… 65
第四章 注册制配套制度建设专题 …… 68
第一节 IPO 注册制下信息披露制度的优化 …… 68
一、注册制下信息披露的要求 …… 68
二、基于注册制的信息披露制度的优化 …… 71
第二节 严格退市制度 …… 73
一、完善退市标准 …… 73
二、优化退市程序 …… 74
三、发挥多层次资本市场作用 …… 75
四、规范地方政府的行政权力 …… 75
五、严格执行“退市公司专项披露”规定 …… 76
六、完善投资者司法救济途径 …… 76
第三节 强化监管制度 …… 76
一、监审分离 …… 76
二、突出监管的功能性 …… 77
三、加强行业监管力度 …… 77
四、强化事中事后监管 …… 78

五、强化证券交易所的一线监管 …… 78
六、强化中介机构角色 …… 79
第四节　建立合格投资者制度 …… 80
一、投资者专业素养培育 …… 81
二、产品规则设计 …… 82
三、市场准入制度 …… 82
四、账户重点监控 …… 83
五、建立“黑名单”和市场禁入制度 …… 83
六、投资者权益保护 …… 83
七、信息公开披露制度 …… 83
第五章　多层次资本市场体系建设——科创板专题 …… 85
第一节　科创板企业 IPO 定价 …… 85
一、传统 IPO 定价方法 …… 86
二、科创板适用的定价方法 …… 87
三、影响科创板定价的因素 …… 88
四、科创板企业定价的确定 …… 92
第二节　科创板交易制度 …… 92
一、科创板交易制度的独特性分析 …… 92
二、设立独特交易制度的原因 …… 97
三、进一步规范运行我国科创板交易制度的建议 …… 98
第三节　科创板上市公司信息披露制度 …… 100
一、科创板信息披露制度特点 …… 100
二、“科创板 + 注册制”下信息披露可能存在的挑战 …… 103
三、科创板并试点注册制下信息披露制度的优化 …… 104
第四节　科创板退市制度优化 …… 108
一、科创板退市制度的改进 …… 108
二、科创板退市制度后续优化建议 …… 111
第六章　上市公司并购专题 …… 114
第一节　央企上市公司并购重组 …… 114
一、央企重组进程 …… 114
二、央企重组潮动因剖析 …… 117
三、基于央企重组潮的上市公司并购新特点 …… 118

第二节　上市公司协议收购——南北车合并为中国中车 …… 121
一、南北车合并过程 …… 122
二、南北车换股并购支付方式的优势与劣势 …… 122
三、南北车并购动因分析 …… 123
四、南北车并购的协同效应分析 …… 124
第三节　上市公司要约收购 …… 125
一、并购事件概括 …… 126
二、并购动因 …… 127
三、万科抵制宝能并购的原因 …… 128
四、万科采取的反并购策略 …… 128
五、“宝万之争”并购启示 …… 129
第七章　资本市场法律法规修订专题 …… 133
第一节　《上市公司治理准则》修订 …… 133
一、《准则》修订的背景 …… 133
二、修订的重点 …… 134
三、新《准则》的重大变更 …… 134
四、与其他规范形成合力 …… 141
第二节　《中华人民共和国证券法》修订 …… 141
一、《证券法》历年修改过程 …… 142
二、《证券法》修订的理念及定位 …… 144
三、此次《证券法》修订的政策背景 …… 145
四、新《证券法》的修订重点 …… 145
五、新《证券法》实施的影响 …… 152
参考文献 …… 157

第一章　中国资本市场全面开放专题

在2018年中国改革开放40周年之际，国内资本市场对外开放全面提速。从实施QFII、RQFII制度，放开境外机构投资银行间债券市场，到“沪港通”“深港通”“债券通”等相继正式起航，我国资本市场逐步与国际接轨，与成熟的国际市场联动效应也日益强化。从B股到沪港通、深港通，从引进合格境外机构投资者（QFII）到青岛海尔在德国发行D股、A股纳入富时罗素指数，这些里程碑事件见证了中国资本市场从聚合国内资本到配置全球资产的国际化进程，呈现了中国资本市场对外开放从萌芽到有限开放再到全面开放的漫长之路。

中国资本市场对外开放始于1992年上海浦东张衡路200号发行的中国第一只B股——上海真空电子器件股份有限公司人民币特种股票。一年后，青岛啤酒成功在香港上市，成为第一家H股上市公司，标志着中国企业开始借助国际资本力量发展壮大。在加入WTO的第三个年头，即2003年5月23日，中国证监会批准了瑞士银行合格境外机构投资者，即QFII资格，外国机构投资者开始进入中国证券市场，自此中国资本市场开始尝试有限度地对外资开放。2018年以来，我国资本市场对外开放按下“快进键”：三大指数公司将A股纳入全球指数体系，QFII和RQFII双双扩容，互联互通机制不断搭建，证券基金期货行业开放不断加快，都预示着我国资本市场已经进入全面开放新阶段。

第一节　中国资本市场全面开放之“引进来”

中国资本市场“引进来”是指引入外国投资者及其资本，主要以下述举措实施为标志。

一、QFII、RQFII制度

QFII、RQFII制度是指外国的专业投资者可以通过QFII（qualified foreign institutional investors，合格境外机构投资者）和RQFII（RMB qualified foreign institutional investors，人民币合格境外机构投资者）投资中国证券市场的资格认定的规定安排。

2003年7月中国正式引入QFII制度，这是一国在货币没有实现完全可自由兑换、资本项目尚未开放的情况下，有限度地引进外资、开放资本市场的一项过渡性的制度。该制度要求外国投资者进入一国证券市场时，必须符合一定的条件，得到该国有关部门的审批通过后汇入一定额度的外汇资金，并转换为当地货币，通过严格监管的专门账户投资当地证券市场。2011 年 12 月我国试点 RQFII 制度，允许符合条件的基金公司、证券公司香港子公司作为试点开展 RQFII 业务，将批准额度内的外汇结汇投资于境内的证券市场，侧面加速人民币国际化。初期试点额度为 200 亿元人民币，投资于股票及股票类基金的资金不超过 20%。2012 年 12 月，RQFII 增加投资额度 2000 亿元，使试点总额达到 2700 亿元。2013 年 3 月，证监会、人民银行、国家外汇管理局联合发布修订后的《人民币合格境外机构投资者境内证券投资试点办法》，允许更多的境外机构投资境内资本市场，放宽投资范围的限制。为贯彻落实中央关于深化金融改革开放的精神，2018 年 6 月 12 日，国家外汇管理局发布《合格境外机构投资者境内证券投资外汇管理规定》（国家外汇管理局公告 2018 年第 1 号，以下简称《规定》），人民银行会同国家外汇管理局发布《中国人民银行　国家外汇管理局关于人民币合格境外机构投资者境内证券投资管理有关问题的通知》（银发〔2018〕157 号，以下简称《通知》），完善合格境外机构投资者（QFII/RQFII）境内证券投资相关管理，进一步便利跨境证券投资，对 QFII、RQFII 取消相关资金汇出比例限制、本金锁定期要求，大大促进了外资的引进。主要政策措施包括：一是取消 QFII 资金汇出 20% 比例要求，QFII 可委托托管人办理相关资金汇出；二是取消 QFII、RQFII 本金锁定期要求，QFII、RQFII 可根据投资情况汇出本金；三是允许 QFII、RQFII 开展外汇套期保值，对冲境内投资的汇率风险。一方面，资金汇出和锁定期限制的取消，意味着境外投资者在选择什么时候汇出本金、汇出多少资金方面有了充分自由，投资便利度显著提升；另一方面，允许外汇套期保值，可以帮助减小境外投资者的风险损失，提升其投资效益。

得益于额度审批、资金汇兑等方面不断放松管制和简化手续，中国证监会官网统计数据显示，截至 2019 年 7 月底，A 股市场上 QFII/RQFII 分别已达 312 家、242 家。根据国家外汇管理局官网统计数据，截至 2019 年 8 月 30 日，QFII 投资总额度达到 3000 亿美元，292 家 QFII 机构合计获批额度为 1113. 76 亿美元，额度在 10 亿美元以上的机构有 30 家。RQFII 制度从中国香港地区扩大到 20 个国家和地区，投资总额度为 19900 亿元人民币，222 家 RQFII 机构合计获批 6933. 02 亿元人民币投资额度。它们在引入市场资金的同时，也带来了成熟的投资理念，促进了资源的有效配置。

2019 年 9 月 10 日，经国务院批准，国家外汇管理局决定取消 QFII 和 RQFII 投资额度限制，同时，RQFII 试点国家和地区限制也一并取消，具备相应资格的境外机构投资者，只需进行登记即可自主汇入资金开展符合规定的证券投资。该项改革作为深化金融市场改革开放、服务全面开放新格局的重大改革举措，可进一步满足境外投资者对我国金融市场的投资需求，再次大幅提升境外投资者参与境内金融市场投资的便利性，中国股票市场和债券市场也将更深入、更广泛地被国际市场接纳。

二、债券市场开放

2010 年 8 月，中国人民银行出台关于允许境外央行或货币当局、港澳地区人民币业务清算行、跨境贸易人民币结算境外参加银行三类机构进入银行间债券市场投资和交易等相关政策。之后，人民银行陆续放开 QFII、RQFII 在核准额度内进入银行间市场投资。2015 年 7 月，人民银行发布通知，相关境外机构（境外央行、国际金融组织、主权财富基金）在完成备案后，可自主决定其银行间市场的投资规模。2016 年 2 月，中国人民银行发布公告（中国人民银行公告〔2016〕第 3 号），表示将引入更多符合条件的境外机构投资者投资银行间债券市场，取消投资额度限制，简化管理流程。同年 5 月底，央行颁布了中国银行间债券市场开放备案管理实施细则，对操作流程、投资主体、投资限额、交易类型等问题予以细化，标志着中国大陆银行间债券市场正式对境外机构投资者开放。同一时间，国家外汇管理局印发了《境外机构投资者投资银行间债券市场有关外汇管理问题的通知》，明确只要符合外管局的相关规定，境外机构投资者资金汇出入不设限制。2017 年 3 月，国家外汇管理局发布通知称，将进一步开放银行间债券市场和外汇市场，允许银行间债券市场境外机构投资者在具备资格的境内金融机构办理人民币对外汇衍生品业务，对冲其外汇风险敞口。

三、资管市场开放

2011 年 1 月 11 日，上海市金融服务办公室正式发布《关于本市开展外商股权投资企业试点工作的实施办法》，外商股权投资企业（QFLP，qualified foreign limited partner，即合格境外有限合伙人）是指在通过资格审批和其外汇资金的监管程序后，将境外资本兑换为人民币资金，投资于国内的 PE 以及 VC 市场的境外机构投资者。此举作为我国资本项目开放一小步但却是十分重要的尝试，该办法发布标志着参与试点的境外股权投资基金（PE）有了一条投资境内企业的“直达通道”。之后《“十二五”时期上海国际金融中心建设规划》进一步扩大了上海外商股权投资企业（QFLP）试点，继续吸引国际上的另类资产管理机构落户上海。

2016 年 6 月，中国基金业协会发布了《私募投资基金管理人登记和基金备案办法（试行）》，明确境外机构在中国开展私募证券投资基金管理业务的方式，允许境外资产管理公司进入中国市场，首先设立外资独资企业（WFOE，Wholly

Foreign Owned Enterprise），再在基金业协会登记为私募基金管理人，即可在中国境内募资并投资于中国市场。2017 年 1 月，富达财富管理（上海）有限公司在陆家嘴金融城的全资子公司——富达利泰投资管理（上海）有限公司，在中国证券投资基金业协会正式完成备案，成为首家可在中国境内募资、投资 A 股市场的外商独资私募机构。同年 7 月 13 日，已入驻陆家嘴金融城的瑞士联合银行集团旗下的瑞银资产成为第二家获得私募证券投资基金管理人备案资格的外资资管机构。WFOE 管理人的落地成为资管市场开放的又一重大举措，引领境外资本进入中国投资市场。目前，全球资产管理规模排名前十的机构中，已有贝莱德、领航、富达、JP 摩根、安联保险、安盛集团、德意志银行、纽银梅隆 8 家在陆家嘴设立了资管类 WFOE，而全球排名前 50 的机构中，则已有约半数落户陆家嘴金融城。

四、证券期货业开放

境内证券期货行业开放步伐也在不断加快。2018 年 4 月 28 日中国证监会发布《外商投资证券公司管理办法》，首次允许外方在合资证券公司和基金公司中占有 51% 的股份，使得国际投行能以业务条线垂直管理模式，将中国业务纳入全球业务统一经营管理；同时，允许外方在合资期货公司中占有 51% 股份。2018 年 12 月 24 日，瑞银正式控股内地合资证券公司瑞银证券有限责任公司，持股比例由 24.99% 增加至 51%，正式成为首家控股内地合资证券公司的外资金融机构。实现控股后，瑞银证券可进一步利用与瑞银集团亚太区之间紧密的业务联系，进一步把握中国资本市场开放的机遇。目前已有野村东方国际证券、摩根大通证券、瑞银证券 3 家外资控股证券公司获批设立。2019 年夏季达沃斯论坛上，中方宣布提前一年全面放开金融业持股比例限制，即在 2020 年提前一年取消证券、期货、寿险外资股比例限制，金融业全面开放提速。其中，2020 年 1 月放开对期货公司的限制，2020 年 4 月 1 日放开对基金公司的限制，2020 年 12 月 1 日放开对证券公司的限制，这意味着资本市场对外开放工作再向前迈出一大步。

与此相应，外国投资者参与 A 股交易范围进一步放开。证监会规定，从 2018 年 9 月 15 日开始，符合条件的外国自然人投资者包括在我国境内工作的外国人，以及 A 股上市公司中在境外工作并且参与股权激励的外籍员工，均可开立 A 股证券账户。同年 9 月 16 日一大早，光大证券上海世纪大道营业部迎来了该公司首位成功开通 A 股账户的外籍散户——日籍女士林阳子。林阳子 1998 年来到上海，长期从事外资咨询工作。她早年就已开通 B 股账户，此前盼着能够进入 A 股市场，可惜因海外身份的限制无法参与 A 股投资。因日本国内理财收益率较低，林女士资金此前都在中国购买银行固定收益理财产品和基金，投资风格以稳健为主。她表示，能参与 A 股市场投资是很好的机遇，因此，还会介绍更多在中国生活的外籍友人前来开户投资A股市场。

2018年，我国期货市场的原油期货、铁矿石期货、PTA（精对苯二甲酸）期货相继面向境外投资者上市交易。2018年3月26日，我国第一个对外开放的期货品种——原油期货在上海期货交易所顺利上市，目前交易和持仓规模稳步增长，功能发挥初步显现。同时，大连商品交易所的铁矿石期货开启引入境外交易者业务，为期货市场现有品种的国际化积累了宝贵经验。继上海原油期货、大连铁矿石期货后，我国第三个迈出国际化步伐的期货品种成功落地——郑商所PTA期货作为全球唯一的PTA期货品种，2018年9月被证监会正式确定为可引入境外交易者的境内特定品种。同年11月30日上午，在河南郑州的郑州商品交易所大厅内，PTA期货正式引入境外投资者。目前，我国更多期货品种国际化正在扎实推进中。

第二节　中国资本市场全面开放之“走出去”

中国资本市场走出去，主要体现在QDII、QDLP制度安排，A股纳入全球指数体系，人民币债券市场纳入国际债券指数以及H股全流通改革等举措。

一、QDII、QDLP制度安排

（一）QDII

QDII，即qualified domestic institutional investor（合格境内机构投资者）的首字母缩写，是指在人民币资本项下不可兑换、资本市场未开放条件下，在一国境内设立，经该国有关部门批准，有控制地允许境内机构投资境外资本市场的股票、债券等有价证券投资业务的一项制度安排。其直接目的是为了进一步开放资本账户，以创造更多外汇需求，使人民币汇率更加平衡、更加市场化，并鼓励国内更多企业走出国门，从而减少贸易顺差和资本项目盈余，直接表现为让国内投资者直接参与国外资本市场，并获取全球市场收益。

QDII最早由香港特区政府部门提出，与QFII一样，是在外汇管制下内地资本市场对外开放的权宜之计。QDII意味着允许内地居民将外汇投资境外资本市场，即指投资于香港地区及其他国家资本市场。QDII为我国有序开放资本市场积累了经验，对培育内地机构投资者发挥了积极作用。

党的十八届三中全会报告提出了“适应经济全球化新形势，必须推动对内、对外开放相互促进、引进来和走出去更好结合”的发展思路，为国内金融市场的创新业务提供了原动力。为开辟国内投资者直接参与国际市场的沟通，2013年11月18日在招商基金、中信期货、中信证券国际（香港）共同成立了首只QDII跨境套利专户，该产品支持全球套利、投机、对冲等多种交易方式。此后，QDII

制度成为境内投资者投资境外交易所上市证券的重要渠道。据国家外汇管理局官网统计数据显示，截至 2019 年 8 月 30 日，QDII 共有 152 家，获批投资额度 1039.83 亿美元。其中，银行类 30 家，额度 148.40 亿美元；证券类 58 家，额度 468.80 亿美元；保险类 46 家，额度 339.53 亿美元；信托类 18 家，额度 83.10 亿美元。

（二）QDLP

QDLP 是指 qualified domestic limited partner（合格境内有限合伙人），允许注册于海外且投资于海外市场的对冲基金，向境内投资者募集人民币资金，并将所募集的人民币资金换汇出境投资于海外市场。2012 年 4 月，上海启动 QDLP 试点工作，发布《关于本市开展合格境内有限合伙人试点工作的实施办法》（沪金融办〔2012〕101 号），允许外国企业或个人在上海成立外商投资海外投资基金管理企业，并发起设立海外投资基金企业，由上海市金融办审定试点资质并批复购汇额度，成为试点企业后向境内合格投资者募集人民币资金，换汇出境投资海外二级市场。该制度是推动境内资金合理进行全球资产配置的第一步，也为外资直接接触境内资本市场打开了第一道大门。

2013 年 6 月第一批获得试点资格的 6 家境外大型对冲基金公司共计获得 3 亿美元额度；2015 年 3 月 5 家境外资管公司获得第二批试点资格，额度每家 1 亿美元，共计 5 亿美元；同年 10 月，4 家基金公司获得第三批试点资格，包括上投摩根和广发钧策等，与第二批一样，额度均为 1 亿美元。2015 年末以来，由于“控流出”管制，QDLP 一度陷入停滞，直到 2018 年 2 月才重启。统计显示，自 2017 年 1 月 ~2018 年 7 月底，已有富达、瑞银、富敦、英仕曼、惠理、景顺纵横、路博迈、安本、施罗德、贝莱德、安中、桥水、元胜、毕盛等 14 家外资机构先后获得私募证券投资基金管理人资格，并已有 10 家发行了产品，已经备案的外资私募基金产品数量达到 16 只，涵盖了主动选股、量化选股、绝对收益、固定收益等多种策略，其中以投资于 A 股市场的产品居多。据中国证券投资基金业协会官网数据显示，截至 2019 年 8 月 9 日，共有 21 家外资机构在协会登记，备案产品 46 只，资产管理规模 54 亿元人民币。

2018 年 7 月以来，中国证券投资基金业协会先后通过 5 家 QDLP 登记备案，分别为安本标准海外投资基金管理（上海）有限公司、联博汇智（上海）海外投资基金管理有限公司、未来益财海外投资基金管理（上海）有限公司、安联寰通海外投资基金管理（上海）有限公司、宏利海外投资基金管理（上海）有限公司。据积募统计，这 5 家 QDLP 均采用了相同的股东架构，即首先由外国地区或港澳台地区的企业在大陆设立一个法人独资类投资管理公司，然后再全资成立该 QDLP 企业，并在中基协进行登记。

二、A 股纳入全球指数体系

（一）A 股纳入 MSCI 指数

鉴于国际资金对分享中国经济增长红利的需求攀升，世界第一大股票指数公司摩根士丹利资本国际公司（即 morgan stanley capital international，MSCI，又译为明晟公司）宣布，将 A 股纳入明晟新兴市场指数。MSCI 指数是投资银行摩根士丹利编制的一系列股价指数，涵盖不同的行业、国家及区域。1968 年，摩根士丹利首推资本国际指数，第一次设立不含美国市场的全球股票市场指数。在 50 多年的发展历程中，摩根士丹利不断拓展其指数国际化范围及影响，时至今日，MSCI 指数已经成为全球投资组合经理采用最多的基准指数。

2013 年 6 月 12 日，A 股纳入指数全球投资者咨询启动。2014 年 6 月 11 日、2015 年 6 月 10 日、2016 年 6 月 15 日 A 股曾 3 次闯关 MSCI 均未能成功纳入指数。MSCI 给出的问题有 3 个：包括 QFII 资本赎回限制，比如 QFII 每月资本赎回额度不能超过上一年度净资产值的 20% 将造成潜在流动性障碍；新停牌政策能否有效执行；金融产品预先审批制度等。2017 年 3 月，MSCI 在市场征询中首次提出以“互联互通”作为纳入的框架。MSCI 在公告中说明，此次纳入 A 股的决定在 MSCI 所咨询的国际机构投资者中得到广泛支持，主要由于互联互通机制的正面发展，以及中国交易所放宽了对涉及 A 股的全球金融产品预先审批的限制。2017 年 6 月 21 日凌晨，美国明晟公司官方宣布将 A 股纳入全球新兴市场指数体系，A 股第 4 次 MSCI“大考”终于成功过关。2018 年 6 月 1 日 A 股 234 只股票终于正式纳入 MSCI 新兴市场指数，该次纳入采用两步走：第一步是 6 月 1 日 A 股正式纳入 MSCI 新兴市场指数，权重为 2.5%；第二步是 9 月 3 日将权重提升至 5%。

进入 2019 年，MSCI 扩容如期而至。北京时间 2019 年 5 月 14 日早间，MSCI 宣布，作为 2019 年 5 月的半年度指数审议的一部分，MSCI 会将指数中中国大盘 A 股的纳入因子从 5% 提高至 10%。与此同时，将 26 只中国 A 股纳入 MSCI 中国指数，将总股数升至 264 只。新纳入的 26 只个股中 18 只为创业板股票，纳入之后，中国 A 股在 MSCI 中国指数和 MSCI 新兴市场指数中所占比重分别达到 5.25% 和 1.76%。该次调整在 5 月 28 日收盘后生效。作为 2019 年 8 月的季度指数审议的一部分，MSCI 把指数中的所有中国大盘 A 股纳入因子从 10% 增加至 15%，并于 8 月 27 日收盘后开始生效。A 股在 MSCI 中国指数的权重达到了 7.79%，而在 MSCI 新兴市场指数中的权重为 2.46%。作为 2019 年 11 月的半年度指数审议的一部分，MSCI 把指数中的所有中国大盘 A 股纳入因子从 15% 增加至 20%，同时将中国中盘 A 股（包括符合条件的创业板股票）以 20% 的纳入因子纳入 MSCI 指数。

MSCI 指数纳入 A 股代表着中国资本市场的开放进一步深化，中国金融市场与国际金融市场的互动、互联、互通不断深化。A 股被纳入 MSCI 指数可以边际改善 A 股市场的外部资金来源和市场微观结构。一方面，A 股被纳入 MSCI 指数之后，最为直接的结果是国际投资者对于 A 股的投资将会更加直接，比如被动型指数基金将投资指数中的股票篮子，主动型投资者亦将逐步加大对 A 股市场的投资；另一方面，因国外证券市场以机构投资者为主，指数入摩使国内股票市场以散户为主导的投资者结构逐步调整，市场微观结构得以优化。

（二）A 股纳入富时罗素指数

2018 年 9 月 27 日，全球第二大指数公司富时罗素宣布，将 A 股纳入其全球股票指数体系，分类为次级新兴市场。这是继 A 股纳入 MSCI 新兴市场指数后，中国资本市场对外开放迎来的又一具有重要意义的里程碑事件。

富时罗素是英国伦敦交易所 FTSE（financial times stock exchange）旗下全资公司，全球第二大指数公司。富时罗素国际指数是英国富时指数公司旗下专门跟踪全球新兴市场指标的股指，其指数产品目前已经吸引了全球超 1.5 万亿美元的资金。2002 年，富时合并小盘股指数，并推出富时全球股票指数体系（FTSE Global Equity Index Series，FTSE GEIS），该体系是富时罗素指数公司的旗舰指数体系，涵盖全球市场的比率达 98%，该体系细分为发达、先进新兴、次级新兴三部分。

由表 1.1 可以看出，A 股入“富”大致经历了三个时间节点。2015 年 5 月 26 日，富时罗素启动将中国 A 股纳入富时全球股票指数体系的过渡计划，为 A 股设计了相应的临时过渡指数；2017 年 9 月，富时罗素对 A 股进行评估，但由于外资顺利流入和流出以及交割结算制度存缺陷，A 股首次闯关失败；2018 年 8 月，证监会公布“深化改革”和“扩大开放”等五项举措，积极支持 A 股纳入富时罗素国际指数，同年 9 月 27 日，A 股入“富”靴子落地。

表 1.1　A 股纳入富时罗素指数进程

时　间	进　　程
2015 年 5 月	指数公司启动将中国 A 股纳入富时全球股票指数体系的过渡计划
2017 年 9 月	富时罗素对 A 股进行评估，但 A 股首次闯关失败
2018 年 9 月 27 日	富时罗素宣布将 A 股纳入其指数体系

注：根据相关资料整理。

按照富时罗素的计划，其纳入 A 股的第一阶段分三步完成。第一步已于 2019 年 6 月 21 日实施；2019 年 9 月 20 日收盘后或 9 月 23 日开盘前，第二步纳入安排生效后，A 股在相应指数中的纳入因子从第一步的 5% 提升至 15%；2020 年 3 月，第一阶段纳入的最后一步——第三步安排生效，A 股在相应指数中的纳入因子将进一步提升为 25%。

A 股纳入富时指数叠加 MSCI 提高 A 股纳入因子，意味着 A 股在加速拥抱对外开放。富时将与 MSCI 形成共振，进一步强化外资持续流入 A 股的趋势。短期将正面提振投资情绪，重视“超级品牌”指数表现；中长期将促进 A 股国际化，改善投资者结构，优化投资风格，推动市场制度和规则的进一步成熟完善。

（三）A 股纳入标普道琼斯指数

美国当地时间 12 月 5 日，继 MSCI 和富时罗素相继将 A 股纳入其指数体系后，全球最大的金融市场指数提供商——标普道琼斯指数公司（S & P Dow Jones Indices）也正式对外宣布，将可以通过沪港通、深港通机制进行交易的合格中国 A 股纳入其有新兴市场分类的全球基准指数，纳入自 2019 年 9 月 23 日市场开盘前生效，分类为“新兴市场”（Emerging Market）。至此，中国资本市场国际化进程再进一步。2018 年最后一天，标普道琼斯指数（S&PDJI）正式公布了入选的 A 股上市公司，总计 1241 家入选。按照 25% 的纳入因子，A 股在道琼斯标普全球基准指数（Global Benchmark Indices）的占比为 0. 57%。按照权重大小，入选标普道琼斯指数的前 30 家公司依次分别是贵州茅台、中国平安、招商银行、农业银行、工商银行、兴业银行、中石油、长江电力、浦发银行、中国银行、上汽集团、美的集团、海康威视、万科集团、中国建筑、恒瑞医药、交通银行、格力电器、民生银行、中国中车、五粮液、太平洋保险、中石化、平安银行、中信证券、保利地产、光大银行、洋河股份、宝钢股份、伊利股份。

标普道琼斯指数公司是全球最大的提供基于指数概念、数据和研究的信息供应商，创建了具有金融市场标志性的“标普 500 指数”和“道琼斯工业平均指数”。全球直接投资于标普道琼斯指数的资产总值高于投资其他任何指数供应商。标普道琼斯指数在指数定制化方面的特点更为突出，例如，其于 2015 年 8 月 28 日推出的“标普中国 500 指数”，包括了 500 家规模最大、流动性最强的中国上市公司，A 股和境外上市的企业皆有资格被纳入；2016 年 4 月 13 日推出的“标普新中国行业指数”，旨在迎合中国由投资主导型向消费主导型经济的转型，为市场参与者提供受益行业的信息；此外，“标普港股通低波红利指数”等相关主题指数也受到关注，上述指数用于衡量标普港股通指数内 50 只波幅最小、收益率高的股票表现。

MSCI 及富时罗素等在国际投资市场极具影响力的指数都已将 A 股纳入其中，因此作为全球最大的金融市场指数提供商标普道琼斯即使出于竞争原因也需要尽快纳入中国 A 股。目前 A 股交易制度等方面的完善、较低的估值以及国内市场的不断对外开放也是标普道琼斯指数愿意在此时将 A 股纳入其指数的原因。总的来说，这也意味着国际投资者对 A 股投资价值的认同，说明 A 股价值得到了国际主流投资机构的认可。

A 股被纳入标普道琼斯指数正如其此前“入摩”“入富”一般，直接意味 A 股市场又多了一条吸引外国机构投资者的渠道。随着 A 股被越来越多地纳入这些国际性的指数，就会有越来越多跟踪这些指数的被动式基金来配置相关的股票，A 股上的增量资金也将随之变多。叠加外资本身更看重股票自身的价值，炒作的风气比较淡，会进一步推动 A 股国际化，进而促使国内投资模式向国际主要市场接近，推动国内相关市场进一步完善、成熟。

三、人民币债券市场被纳入国际债券指数

目前国际三大债券指数为彭博巴克莱全球综合债券指数（bloomberg barclays global aggregate index，BBGAI）、富时全球政府债券指数（citi the world government bond index，WGBI）、摩根大通新兴市场政府债券指数（government bond index-emerging markets，JPM GBI-EM），均被广泛用于业绩基准和部分投资标的。其中，彭博巴克莱指数是全球最具影响力的固定收益指数系列，其历史最早可以追溯至 1973 年，由投资银行 Kuhn，Loeb & Co 创立；随着该投资银行于 1977 年被雷曼兄弟收购，指数名称随之改为雷曼指数；2008 年巴克莱收购雷曼兄弟后，指数又更名为巴克莱指数。包含 WGBI 在内的富时罗素固定收益指数是影响力比肩媒体巴克莱的另一大指数系列。从指数谱系整体来说，富时罗素指数的影响力可能不及彭博巴克莱指数，但从单一指数的角度而言，WGBI 比 BBGA 指数的历史更悠久，影响力也更广泛。摩根大通指数是在新兴市场领域最具影响力的债券指数。与彭博巴克莱指数以及富时罗素不同，摩根大通指数谱系规模较小，以跟踪新兴市场的指数系列为其主要特色。目前 GBI-EM Global Diversified 是最具影响力的新兴市场本币债券指数版本，也是 2019 年 9 月宣布纳入中国债市的版本。

彭博于 2017 年 3 月 1 日率先推出两项包含中国债券的全新固定收益指数——“全球综合 + 中国指数”和“新兴市场本地货币政府债券 + 中国指数”，作为将中国在岸债券纳入国际主流债券指数的过渡方案。花旗固定收益指数部门也于同年 3 月 7 日宣布，中国在岸债券已满足加入其新兴市场及区域政府债券指数的条件。花旗认为中国市场已符合加入三只现有政府债券指数的条件——新兴市场政府债券指数（EMGBI）、亚洲政府债券指数（AGBI）、亚太政府债券指数（APGBI），并将中国债券市场纳入其全球政府债券指数（WGBI）系列新增的一只债券指数 WGBI-Extended。将中国债券纳入全球指数，有助于国际投资者更加了解和熟悉中国债券市场，增加对中国债券的投资。

目前，中国债券市场已成为全球第三大债券市场，公司信用类债券市场位列

全球第二，投资者结构日益优化，创新能力进一步增强，基础设施和各项制度建设取得新进展。中国债券市场在完善广度深度、对外开放程度、投资便利性、投资者结构、监管框架等领域取得的成绩有目共睹。随着中国债券市场对外开放的持续推进，中国债券纳入主要国际债券指数的障碍已经基本破除，只是在个别技术性环节上还需要时间进行评估。

（一）纳入彭博巴克莱全球综合债券指数

2019 年 4 月 1 日起，人民币计价的中国国债和政策性银行债券被正式纳入全球主要债券指数——“彭博巴克莱全球综合指数”，这是继人民币纳入国际货币基金组织“特别提款权货币篮子”后，中国融入全球金融体系的又一个重要里程碑。中国债券的具体纳入工作将在 20 个月内分步完成，第一个月将纳入中国债券，使其在指数中所占比重达到 5%，之后每个月会再增加 5%，20 个月后即到 2020 年 11 月完成全部纳入，成为这一指数内继美元、欧元、日元之后的第四大货币债券。根据截至 2019 年 1 月 24 日的统计数据，有 363 支中国债券被纳入彭博巴克莱全球综合指数，被完全纳入“彭博巴克莱全球综合指数”后，人民币债券资产在该指数 54.07 万亿美元的市值中占比达 6.03%。除了全球综合指数，2019 年 4 月起，人民币计价的中国债券亦被纳入全球国债指数以及新兴市场本地货币政府债券指数。

（二）纳入摩根大通新兴市场政府债券指数

2019 年 9 月 4 日，摩根大通宣布，以人民币计价的高流动性中国政府债券将于 2020 年 2 月 28 日起被纳入摩根大通旗舰全球新兴市场政府债券指数系列，纳入工作将在 10 个月内分步完成。完成纳入后，中国债券在 GBI-EM GD 指数中的权重将升至 10%。有 9 只符合资格的高流动性中国政府债券将于 2020 年 2 月 28 日起被纳入上述指数，其中包括 6 只已发行的债券以及 3 只定于 2019 年 10 月至 12 月期间发行的新债。

（三）纳入富时全球政府债券指数

2018 年 9 月 27 日富时罗素将中国国债加入观察名单，2019 年 4 月将中国国债列为 Level 1，随即中国国债加入 EMGBI 指数。富时罗素于 2019 年 9 月 26 日（美国东都时间）决定是否将中国国别分类由 Level 1 提升为 Level 2，如果升级成功，中国国债将纳入富时罗素旗舰指数 WGBI。2019 年 9 月 27 日，富时罗素更新了固定收益国家分类审核结果，中国继续保留在潜在升级到市场准入 Level 2 的观察名单上。这也就意味着，中国债市暂时无法纳入富时罗素的旗舰指数——富时全球政府债券指数（WGBI）。

2020年4月3日，富时罗素延续了2019年9月的评估观点，此次中期评估仍将中国债券保留在可能升级到市场准入Level 2的观察名单上。这一决定使得中国债券暂不被纳入富时全球政府债券指数（WGBI）。不过，富时罗素肯定了中国已推出的一系列改善准入和流动性的措施，包括中国央行、外管局、证监会和中国债市基础设施提供方为改善中国政府债市场准入而作出的努力，这使得2020年9月的纳入概率上升。

加入国际指数最大的意义在于向全球宣示中国债券市场基础设施、外汇对冲工具供给以及资本项目兑换等方面已经满足国际标准，中国不再是外资难以进入的“边缘市场”，中国债市开放的主线已由要素流动型开放向制度型开放转变。这意味着比吸引外资流入更加重要的是债券市场基础设施和规则等“软件”与国际接轨，并与全球金融市场构成互联互通的整体。围绕制度型开放主线，以制度和基础设施建设促进开放，以开放进一步倒逼市场化改革。

四、H股全流通

“H股全流通”，是指采取H股架构上市的境内企业，将其尚未公开交易的内资股，转为外资股并在港股市场上公开交易。

为贯彻落实党的十九大关于推动形成全面开放新格局的要求，增强金融服务实体经济能力，提高直接融资比重，支持香港融入国家发展大局，促进香港金融市场稳定发展，经国务院批准，2017年底中国证监会开展了H股上市公司“全流通”试点，进一步优化境内企业境外上市融资环境，深化境外上市制度改革。

“全流通”试点仅限于原股东减持和增持本公司H股。试点企业相关股东先期可减持其所持有的本公司H股；待相关技术系统升级改造完成后，开通增持本公司H股的功能。证监会将从以下四方面择优选择试点企业参与H股“全流通”试点：（1）符合外商投资准入、国有资产管理、国家安全及产业政策等有关法律规定和政策要求；（2）所属行业符合创新、协调、绿色、开放、共享的发展理念，符合国家产业政策发展方向，契合服务实体经济和支持“一带一路”建设等，且具有一定代表性的优质企业；（3）存量股份的股权结构相对简单，且存量股份市值不低于10亿港元；（4）公司治理规范，企业内部决策程序依法合规，具备可操作性，能够充分保障股东知情权、参与权和表决权。

为解决H股公司存量股份境外上市流通问题，中国证券登记结算公司（以下简称“中登公司”）和深圳证券交易所于2018年连续发布了《H股“全流通”试点业务实施细则（试行）》和《H股“全流通”试点业务指南（试行）》，规定取得中国证监会H股“全流通”试点批准的境外上市公司，可将参加H股“全流通”试点的、原由中登公司北京分公司登记的非境外上市股份跨境转登记至香港，使之成为可在香港流通的境外上市股份。2018年4月，联想控股成为H

股“全流通”试点的首家试点企业；同年5月，中航科工H股“全流通”试点项目的申请获得正式批准，成为继联想控股后获批的第二家试点公司；2018年7月，威高股份获批将不超过26.39亿股非上市股份或内资股类别股份转换为H股并上市。至此，联想控股、中航科工、威高股份这三家公司H股“全流通”试点已顺利完成。

试点期间两地市场运行平稳，取得了较好的效果，各方反映良好。经国务院批准，证监会已全面推开H股“全流通”改革。证监会网站2019年11月14日发布了《H股公司境内未上市股份申请“全流通”业务指引》（证监会公告〔2019〕22号）、H股“全流通”申请材料目录及审核关注要点。符合条件的H股公司和拟申请H股首发上市的公司，可依法依规申请“全流通”。

中国证监会按照“成熟一家、推出一家”的原则，积极稳妥、依法依规推进此项改革工作。H股“全流通”涉及的单H股公司境内未上市股份存量不大，相当于香港联交所上市股份总市值的不足7%。“全流通”申请经核准后，相关公司境内未上市股份可转为H股在香港联交所上市流通。

在试点经验基础上稳步推开H股“全流通”改革，有利于促进H股公司各类股东利益一致和公司治理完善，助力境内企业更好利用境内外两个市场、两种资源获得发展，也有利于香港资本市场发展。

第三节　中国资本市场全面开放之“双向开放”

中国资本市场的双向开放体现在股票市场的有沪港通、深港通、沪伦通，体现在债券市场的有债券通等。在双向开放过程中，“引进来”和“走出去”同时推进，既能学习国际经验，又能倒逼国内市场规范发展。沪港通、深港通以及内地与香港基金互认，都将发挥这种触动作用，促进市场改革创新。一方面，通过引入境外机构投资者，能带来成熟的投资风格和投资理念；另一方面，可以拓宽境内投资者的投资渠道，使内地资本市场与国际市场接轨。

一、沪港通

2014年4月10日，中国证券监督管理委员会和香港证券及期货事务监察委员会发布《中国证券监督管理委员会香港证券及期货事务监察委员会联合公告》，决定原则批准上海证券交易所（以下简称上交所）、香港联合交易所有限公司（以下简称联交所）、中国证券登记结算有限责任公司（以下简称中国结算）、香港中央结算有限公司（以下简称香港结算）开展沪港股票市场交易互联互通机制试点（以下简称沪港通）。沪港通，即沪港股票市场交易互联互通机制，指两地投资者委托上交所会员或者联交所参与者，通过上交所或者联交所在对方所在地设立的证券交易服务公司，买卖规定范围内的对方交易所上市股票。沪港通包括沪股通和港股通两部分。沪股通，是指投资者委托联交所参与者，通过联交所证券交易服务公司，向上交所进行申报（买卖盘传递），买卖规定范围内的上交所上市股票；港股通，是指投资者委托上交所会员，通过上交所证券交易服务公司，向联交所进行申报（买卖盘传递），买卖规定范围内的联交所上市股票。中国结算、香港结算相互成为对方的结算参与人，为沪港通提供相应的结算服务。沪港通总额度为5500亿元人民币，参与港股通个人投资者资金账户余额应不低于人民币50万元。自2014年11月17日开通以来，沪港通已平稳运行5年多，交易、登记结算、换汇和公司行为等各项业务处理正常。据上海证券交易所官网数据显示，2018年港股通成交总额15214.50亿元人民币。其中，买入成交金额7658.96亿元人民币，卖出成交金额7555.54亿元人民币。据香港交易所官网市场数据显示，2018年沪股通成交总额（买盘+卖盘）26620亿元人民币。由此可见，沪港通推出加快了香港及内地市场资金的双向流动，扩大了两地市场的双向开放。

二、深港通

深港通，是深港股票市场交易互联互通机制的简称，指深圳证券交易所和香港联合交易所有限公司建立技术连接，使内地和香港投资者可以通过当地证券公司或经纪商买卖规定范围内的对方交易所上市的股票。2016年12月5日，深港通正式启动。如果说2014年开通的沪港通是国内资本市场对外开放的重要一步，那么，随后推出的深港通将国内证券市场的国际化向纵深推进，增加了外资投资内地市场的渠道和标的。虽然沪港通推出的时间还不算长，但其运行中的成功经验具有较强的借鉴意义。沪港通对于两地投资者的吸引力大大超过预期，成功实现了成熟的香港资本市场与相对封闭的内地市场高效关联，在资本流量较大的前提下仍然能够平稳运行，并且经受住了2015年股灾的考验。因此，在借鉴沪港通模式的法律法规及实际运营中的磨合经验基础上进一步完善了深港通的相关政策与风险防范。此外，由于深圳在地理位置上与香港的经济交往更为频繁，信息交流更为便利，深港通可在沪港通资本投资领域互联互通基础上，实现更深层次的深港两地跨境融资功能的双向开放。

由表1.2可以看出，从实施方案细则上看，深港通与沪港通的主要区别体现在标的股票的规定上。沪港通的投资标的为上证180指数、上证380指数成分股以及在上交所上市的A+H股股票。而深港通的投资标的为市值60亿元人民币以上的深证成分指数和深证中小创新指数成分股，以及在深交所上市的A+H股公司股票。沪港通试点标的涵盖了沪市A股约一半的股票，市值占到沪市A股总市值的86%，其中，国有企业数量占比约为44%，民营企业数量仅为35%；

而深市 A 股中民营企业的数量占比达到了 69%，所以深港通方向的投资标的范围更广。较之沪港通清一色的大盘蓝筹股，深港通的投资标的中成长股占了一席之地，并充分展现了深圳证券交易所新兴行业集中、成长特征鲜明的市场特色，外资参与 A 股市场投资的选择也更加多元化。

表 1.2　深港通与沪港通实施细则比较

细则比较	深港通	沪港通
投资者门槛	深股通：无	沪股通：无
	港股通：机构投资者或满足 50 万元人民币准入条件的个人投资者	港股通：机构投资者或满足 50 万元人民币准入条件的个人投资者
标的股票	深股通：市值 60 亿元人民币及以上的深证成分指数和深证中小创新指数的成分股，以及深交所上市的 A+H 股公司股票	沪股通：上证 180、上证 380 指数成分股及上交所上市的 A+H 股，其中以人民币以外货币报价和被实施风险警示板的沪股暂不纳入
	港股通：恒生综合大型股指数的成分股、恒生综合中型股指数的成分股、市值 50 亿元港币及以上的恒生综合小型股指数的成分股，联交所上市的 A+H 股公司股票	港股通：恒生综合大型股指数、恒生综合中型股指数成分股及同时在上交所和联交所上市的 A+H 股
额度规模	深股通：每日额度 130 亿元人民币，无总限额	沪股通：每日额度 130 亿元人民币
	港股通：每日额度 105 亿元人民币，无总限额	港股通：每日额度 105 亿元人民币
交易制度安排	深股通：T+1；港股通：T+0	沪股通：T+1；港股通：T+0

资料来源：根据相关资料整理。

由表 1.3 可以看出，沪港通与深港通投资标的的具体对比：深股多新兴产业，而沪股多老牌产业。深圳交易所股票数量占据了整个 A 股上市公司的 60%，包括深圳主板、中小板以及创业板，与上证股票相比，深交所股票平均市值更小，交易及活跃度水平更高；自 2009 年之后深证股票估值水平大幅超越上证，目前深证股票平均市盈率接近上证的 2 倍；2015 年以来上证 380 指数的换手率普遍低于深证成指和中小创新指数，尤其是中小创新指数在活跃度上显著领先。通过对比沪港通和深港通标的股票的差异，明显看到深港通标的中小盘股比例明显提升，以深港通方案获批当天收盘价格计算，满足深港通北向标的股中一半以上的股票市值均集中在 60 亿～200 亿元。

表 1.3　沪港通与深港通（潜在）投资标的对比

比较因素	沪　港　通	深　港　通
标的公司数量/家	568	881
平均市值/亿元	475. 5	185. 19
市盈率中位数/%	33. 26	55. 48
股息率/%	1. 17	0. 56
行业分布	工业：26. 8%；可选消费：15. 5%；金融：13. 6%；材料：13%	信息技术：24. 5%；工业：19. 2%；可选消费：16. 1%；材料：14. 2%

资料来源：根据相关资料整理。

三、沪伦通

开展沪伦通存托凭证业务，是进一步扩大资本市场双向开放的重要举措，有助于提高资本市场的国际竞争力和服务实体经济的能力，也能为境内投资者实现全球资源配置提供更多选择。

沪伦通是指上交所与伦交所的互联互通机制。初期从存托凭证起步。存托凭证是由存托人签发，以境外证券为基础在境内市场发行，代表境外基础证券权益的证券。沪伦通存托凭证业务包括东西两个业务方向。东向业务是指符合条件的伦交所上市公司在上交所主板上市中国存托凭证（简称 CDR）；西向业务是指符合条件的上交所的 A 股上市公司在伦交所主板发行上市全球存托凭证（简称 GDR）。在试点初期，GDR 发行人可以在伦敦市场融资，CDR 发行人仅可以在上交所上市，而不在境内融资；存托凭证和基础股票之间可以相互转换，并因此实现两地市场的互联互通。根据《中国证券监督管理委员会　英国金融行为监管局联合公告》，试点初期西向业务的总规模为 3000 亿元人民币；东向业务的总规模为 2500 亿元人民币。

存托凭证的发行和上市需满足当地的监管要求，发行人需履行信息披露义务等。与沪港通下“投资者”跨境相互到对方市场直接买卖股票的模式不同，沪伦通是将境外基础股票转换为存托凭证实现“产品”跨境，存托凭证的交易结算安排与本地的股票品种接近，以方便投资者按照本地的交易习惯和交易时间完成交易结算。目前 CDR 设有一定的投资者适当性门槛。投资者可根据存托协议的约定，享有分红、派息、配股等权益及行使表决权等权利。中英两地符合要求的证券经营机构可根据相关规定申请开展跨境转换业务。

2015 年 10 月，习近平主席对英国进行国事访问期间，在中英政府发表的《中英关于构建面向 21 世纪全球全面战略伙伴关系的联合宣言》中提出：“双方支持上海证券交易所和伦敦证券交易所就互联互通问题开展可行性研究。”在中英两地监管部门大力支持下，上交所与伦交所通力合作，完成互联互通可行性论证、业务方案和实施准备。

为贯彻落实党的十九大精神，进一步扩大资本市场双向开放，为沪伦通正式开通奠定制度基础，2018 年 10 月 12 日，中国证监会正式发布《关于上海证券交易所与伦敦证券交易所互联互通存托凭证业务的监管规定（试行）》，自公布之日起施行。根据市场相关各方提出的意见建议，对沪伦通监管规定征求意见稿作了相应的修改完善，涉及境内上市公司在境外发行存托凭证（GDR）后的限制兑回期、境外基础证券发行人在境内发行存托凭证（CDR）后实施配股等。正式发布的监管规定明确了沪伦通 CDR 发行审核制度、CDR 跨境转换制度安排、CDR 持续监管要求、境内上市公司境外发行 GDR 的监管安排，并强化监管执法，明确相关市场参与主体的法律责任。根据中国证监会的统一部署，2018 年 11 月 2 日，上海证券交易所（以下简称上交所）正式发布实施了上交所与伦敦证券交易所（以下简称伦交所）互联互通存托凭证业务（以下简称沪伦通存托凭证业务）相关配套业务规则，以保障沪伦通存托凭证业务依法合规进行。

（一）配套业务规则构成

1. 上位制度规范

包括《中华人民共和国证券法》、国务院转发的证监会《关于开展创新企业境内发行股票或者存托凭证试点的若干意见》（以下简称《试点意见》）、证监会颁布的《存托凭证发行与交易管理办法（试行）》（以下简称《存托凭证办法》）、《关于上海证券交易所与伦敦证券交易所互联互通存托凭证业务的监管规定（试行）》（以下简称《监管规定》）。

2. 业务规则

《上海证券交易所与伦敦证券交易所互联互通存托凭证上市交易暂行办法》（以下简称《暂行办法》）等 8 项业务规则。《暂行办法》是规范沪伦通存托凭证业务的基本业务规则，对沪伦通中国存托凭证上市、交易、持续监管、跨境转换，以及全球存托凭证基础股票上市、跨境转换等事宜作出了集中规定。

3. 业务指引

以业务规则为基础，针对沪伦通存托凭证的上市预审核、跨境转换和做市业务，分别制定了《上海证券交易所与伦敦证券交易所互联互通中国存托凭证上市预审核业务指引》《上海证券交易所与伦敦证券交易所互联互通存托凭证跨境转换业务指引》《上海证券交易所与伦敦证券交易所互联互通中国存托凭证做市业务指引》3 项业务指引。《上海证券交易所与伦敦证券交易所互联互通中国存托凭证交易风险揭示书必备条款》《上海证券交易所与伦敦证券交易所互联互通中国存托凭证上市公告书内容与格式指引》《关于上海证券交易所与伦敦证券交易所互联互通中国存托凭证收费事宜的通知》《关于上海证券交易所与伦敦证券交易所互联互通中国存托凭证业务信息披露时段相关事项的通知》4 项配套业务指引和通知。

（二）境外发行人条件

顾名思义，沪伦通中国存托凭证的境外发行人，限定于在伦交所上市的境外发行人。在具体条件上，境外发行人首先要满足《存托凭证办法》《监管规定》关于公开发行存托凭证的基础发行条件；其次，如表 1.4 所示，还需要满足《暂行办法》关于中国存托凭证的具体上市条件。

表 1.4　境外发行人条件

上市条件	具 体 要 求
总市值规模	发行申请日前 120 个交易日按基础股票收盘价计算的境外发行人平均市值不低于人民币 200 亿元
当地上市年限	在伦交所上市满 3 年且主板高级上市满 1 年
境内上市规模	申请上市的中国存托凭证数量不少于 5000 万份且对应的基础股票市值不少于人民币 5 亿元

资料来源：根据相关资料整理。

（三）跨境转换

跨境转换是指境内存托凭证和境外基础股票按既定比例相互转换。以中国存托凭证为例，其跨境转换涵盖上市前的初始生成阶段和上市后的持续转换两个阶段。从业务环节来看，跨境转换包括生成和兑回两个方向。生成环节对应于境外基础股票转换成境内存托凭证，即中国跨境转换机构在境外市场买入或者以其他合法方式获得基础股票并交付存托人，存托人根据相关规定和存托协议的约定签发相应中国存托凭证；兑回环节对应于境内存托凭证转换成境外基础股票，即存托人根据相关规定和存托协议的约定注销相应中国存托凭证，并将相应基础股票交付中国跨境转换机构。

允许跨境转换是沪伦通存托凭证交易制度的一个创新安排。《试点意见》《存托凭证办法》对存托凭证跨境转换作出了原则规定。跨境转换作为交易平衡机制，具有双向性，由相关市场主体根据供求关系变化等因素，自主判断实施，并自行承担风险。存托凭证在存续期间的份额数量，将在发行人获准公开发行的数量上限内，根据跨境转换开展情况而不断变化。

（四）交易机制

沪伦通中国存托凭证实行竞价和做市混合交易制度。在竞价交易方面，交易机制总体上与A股保持一致，但也做出了一些差异化安排（表1.5）。

表1.5 沪伦通交易机制差异化安排

交易机制	差异化安排
涨跌幅限制	与A股相同，但全天休市达到或者超过7个自然日的，其后首个交易日的涨跌幅比例放宽至20%
上市首日涨跌幅限制	对于以非新增基础股票为基础证券公开发行上市的中国存托凭证，在上市首日不放开涨跌幅限制
开盘参考价	使用基础股票在伦交所最近收盘价转换所得的人民币价格作为开盘参考价，且上市初期不适用新股上市初期的监管规定
除息处理	境外发行人发放现金红利的，上交所不对中国存托凭证作相应的除息处理
标的证券范围	中国存托凭证暂不纳入融资融券、股票质押式回购和约定购回式证券交易等业务

资料来源：根据相关资料整理。

（五）投资者适当性管理制度

鉴于沪伦通中国存托凭证涉及诸多创新环节，业务较为复杂，以及为了营造诚信的市场环境，维护正常交易秩序，需要对投资者资产规模、风险认知和承受能力提出较高要求，《存托凭证办法》《监管规定》均规定，沪伦通中国存托凭证交易实行投资者适当性管理制度。《暂行办法》进一步对投资者适当性要求做了具体规定，即个人投资者应当符合申请权限开通前20个交易日证券账户及资金账户内的资产日均不低于人民币300万元、不存在严重的不良诚信记录、不存在境内法律和业务规则禁止或限制其参与证券交易等条件，并通过会员组织的综合评估；机构投资者应当符合境内法律及上交所业务规则的规定。具体资格条件认定，参照沪港通、股票期权等业务中关于日均资产认定、综合评估等既有要求执行。

（六）境内发行人监管要求

境内发行人到伦交所市场发行上市全球存托凭证，是沪伦通存托凭证业务的重要组成部分。《监管规定》已从发行条件、发行价格要求、跨境转换和兑回期限限制、并购重组、境外投资者持有权益上限等方面，作出了一系列基础性规定。沪伦通全球存托凭证的境内发行人同时也是上交所的上市公司，上交所原则上按照《上海证券交易所股票上市规则》关于同时在境内外上市的公司的规定，对境内发行人进行信息披露监管。此外，由于沪伦通全球存托凭证实行跨境转换，《暂行办法》进一步对境内基础股票申请上市、全球存托凭证跨境转换等事宜作出了规定。此外，境内发行人还需遵守伦交所市场的相关上市条件和监管规定。

四、债券通

2017 年，中央政府研究制定粤港澳大湾区发展规划，将推出内地和香港之间的“债券通”，目的就是进一步密切内地与香港地区的交流合作，继续为香港发展注入新动能。同年 5 月，中国人民银行和香港金融管理局同意开展香港与内地债券市场互联互通合作（简称“债券通”），允许外国投资者通过香港交易所购买内地债券，这将有助于吸引资金流入，加速内地债券加入全球债券指数和人民币国际化。

2017 年 7 月 3 日“债券通”正式运行，目前已开通“北向通”业务，为全球机构投资者打开了进入中国内地银行间债券市场的又一重要路径。“北向通”，即境外投资者通过内地与香港债券市场基础设施的互联互通，投资于内地银行间债券市场的机制安排。“北向通”境外投资者的投资标的债券为可在银行间债券市场交易流通的所有券种，投资方式既可通过参与银行间债券市场发行认购，也可通过二级市场买卖。

2018 年 3 月，湖北省科技投资集团有限公司 2018 年度第一期“债券通”中期票据成功发行，成为湖北省首单“债券通”产品，发行规模 15 亿元，期限 5 年，票面利率 5.94%，为同类发债企业中当期最低价格。

2018 年 11 月，境外机构投资银行间市场利息收入暂免征收 3 年的企业所得税和增值税的优惠政策正式实施；2019 年 1 月，彭博作为第三方平台实现与中国外汇交易中心成功对接；从 2 月开始，债券通公司相继与包括中国农业发展银行在内的境内金融机构开展合作，加强对境外投资者的信息披露。

2019 年 2 月 22 日，“债券通”一级市场信息平台上线仪式在香港举行。未来通过“债券通”平台，投资者除了在二级市场交易已发行的债券之外，还可以在一级市场参与债券发行；发行人将可以在“债券通”平台直接发行债券。

首先，作为中国债券市场开放的重大举措，境外投资者可在不改变现有交易方式、结算模式和账户结构的情况下，“一站式”进入中国债券市场。其次，中国债券市场发展具有良好的经济基础。中国经济形势稳中向好，外汇储备规模继续保持平稳，人民币汇率及市场预期总体稳定，跨境资金流动和国际收支基本平衡。最后，中国债券市场收益率高、违约率低，对国际投资者具有较强的吸引力。

“债券通”开闸运行两年多来，随着国际投资者数量破千、交易量再创新高，“债券通”正推动中国债券市场对外开放步伐不断加快。据债券通有限公司数据显示，“债券通”投资渠道达成交易累计2万亿元人民币，其中2019年前6个月的债券净买入超过5000亿元人民币。截至2019年6月，“债券通”已汇集了1038家境外投资者，较2018年底的503家翻了一番，特别吸引了全球100家顶级资产管理公司中的62家，其中58家已完成入市。另外，随着首批阿布扎比投资者入驻，“债券通”覆盖范围扩展至全球29个国家和地区。作为美国最大的基金管理公司之一，先锋领航集团的亚洲区已使用原有系统进行对接，通过“债券通”投资中国市场，目前已在美国、澳大利亚和多个欧洲国家发布了投资中国债券的被动式投资产品。

“债券通”两年来的成绩充分表明这项创新管道的优势和生命力。在与人民币债券市场被纳入国际债券指数等其他进入中国债券市场的路径形成良性互动基础上，“债券通”进一步推动中国债券市场对外开放登上新的台阶。“债券通”的快速发展也反映出境外投资者看中中国债券市场的发展潜力及投资配置中国债券的强烈需求。截至2018年末，中国债券市场存量规模达86万亿元人民币，其中国际投资者持债规模近1.8万亿元人民币。这一体量使得中国稳居世界第三大、亚洲第二大债券市场。有分析数据显示，中国在2019年正式超越日本，成为世界第二大债券市场。然而，目前境外投资者在中国银行间债券市场持债结构中占比仍然远低于发达国家水平，中国债券市场对外开放依然有很大的可提升空间。为此，中国将继续完善债券市场相关安排，进一步对外开放，提高债券市场互联互通水平，比如扩大报价机构范围，优化相关交易机制，提高配套制度安排，推动直接入市、债券通、QFII/RQFFI渠道整合等，实现相关规则与国际接轨，鼓励推出更多债券指数公募基金，促进本地托管行与全球托管行加强合作，支持国际评级机构开展评级业务等。

第二章　中国资本市场创新专题

伴随着中国经济由高速增长转向高质发展新阶段，推动存量经济转型升级，实施创新驱动战略成为必然。而资本市场作为承载这一历史重任的平台，需要朝着规范、透明、开放、有活力、有韧性的方向发展。2019 年 4 月召开的中共中央政治局会议指出，要以关键制度创新促进资本市场健康发展，进而更好地发挥其资源配置的枢纽作用。

1990 年 12 月 19 日上海证券交易所正式开业，标志着我国资本市场诞生。至今，经过近 30 年的发展，产品与制度创新不断，对外开放日渐深入。融资融券、股指期货、股票期权等推出，沪港通、深港通、债券通、沪伦通等实施，资本市场一系列制度与产品创新全面推进……从市场环境、制度供给到产品结构等层面均呈现出全新的格局。2010 年融资融券信用交易制度推出及沪深 300 股票价格指数期货合约上市标志着国内资本市场做空机制的诞生。自此二级市场也随之呈现跌易涨难、跌多涨少的走势特征。自 2013 年以来，我国资本市场产品创新层出不穷，从国债期货到个股期权再到 2018 年推出的中国存托凭证（CDR）……产品层次已经由基础类扩展到衍生类，风险收益特征日益多样化、复杂化，中国资本市场进入了一个创新发展的新时代。以下从制度创新和产品创新两个层次进行分析。

第一节　中国资本市场制度创新

制度创新是资本市场资源配置功能、融资功能和风险管理功能得以发挥的核心保障。由表 2.1 可以看出，自 2013 年以来，我国资本市场进行了一系列的制度创新，朝着更加规范的方向迈进。

表 2.1　近年来我国资本市场的制度创新

类　别	制 度 创 新	具 体 内 容
市场层次	区域性股权交易市场	2017 年 7 月 1 日起施行，为特定区域内的企业提供了股权、债券的转让和融资服务的私募市场
	科创板	2019 年 6 月 13 日正式开板的设立于上海证券交易所下试点注册制的创业板

续表 2.1

类 别	制 度 创 新	具 体 内 容
发行审核制度	绿色 IPO 制度	2016 年建立，对贫困地区企业首次公开发行股票开辟绿色通道
	大发审委制度	2017 年 9 月 30 日成立，大发审委不再有主板与创业板发审委之分
	注册制	2019 年 6 月，科创板试点注册制，上交所负责科创板发行上市审核，中国证监会负责科创板股票发行注册
交易制度	融资融券交易制度	2010 年 3 月 31 日，正式开通融资融券交易系统；2013 年 4 月，多家券商将两融最新门槛调整为客户资产达 10 万元、开户满 6 个月
	新三板做市转让制度	2014 年 8 月 25 日设立，投资者需要买卖股票时，买卖双方不直接成交，而是通过新三板做市商作为对手方
	新三板分层制度	（1）2016 年 5 月 27 日起正式实施，在新三板挂牌的企业中，按照一定的分层标准，将其划分为若干个层次。 （2）2017 年 12 月 22 日，全国股转公司举办新三板分层与交易制度改革，正式发布关于分层管理办法、股票转让细则、信息披露细则的三个文件。 （3）2019 年 12 月 27 日，全国中小企业股份转让系统有限责任公司发布《全国中小企业股份转让系统分层管理办法》，新增精选层，2017 年办法同时废止

资料来源：根据相关资料整理。

科创板和注册制在后续章节专门论述，以下按创新时间顺序进行逐一分析。

一、融资融券交易制度

（一）简介

从世界范围来看，融资融券制度是一项基本的信用交易制度。融资融券交易（securities margin trading）又称“证券信用交易”或“保证金交易”，是指投资者向具有融资融券业务资格的证券公司提供担保物，借入资金买入证券（融资交易）或借入证券并卖出（融券交易）的行为。包括券商对投资者的融资、融券和金融机构对券商的融资、融券。

证券融资交易又称保证金买空交易或保证金多头交易，指投资者出于对股票价格将要上涨的预期，支付一定比例的保证金，同时由证券公司垫付其余款项而购入股票的一种信用交易方式。买空者所购入的股票必须存入证券公司或相关机构作为垫头贷款，也称融资抵押。证券融券交易又称保证金卖空交易或保证金空头交易，指投资者出于对股票价格将下跌的预期，支付一定比例的保证金，同时向经纪人借入股票后按现行价格卖出的一种信用交易方式。卖空者卖出股票所得的款项必须存入证券公司或相关机构作为股票贷款，也称融券抵押。

根据卖空的目的和形式，卖空可分为三类：（1）投机性卖空。投机性卖空是大多数投资者进行卖空的目的。投资者利用某种股票将下跌的预期，融券卖出，在未来价格真正下跌后，以较低价格买入股票进行交割，从而赚取一定的差额。（2）对冲性卖空。在这种情况下，投资者持有股票，担心市场价格将在未来会下跌，而导致其投资组合遭受损失，因此投资者进行卖空，以避免投资组合的损失。（3）持有卖空。持有卖空是技术性卖空的一种形式，它与上述两种卖空不同的是所出售的股票是自身所拥有的证券或即将拥有该证券。

（二）实施

2006 年 7 月 2 日，中国证监会发布《证券公司融资融券业务试点管理办法》和《证券公司融资融券业务试点内部控制指引》，自 2006 年 8 月 1 日实施，融资融券业务正式启动。2010 年 3 月 30 日，上交所、深交所分别发布公告，表示将于 2010 年 3 月 31 日起正式开通融资融券交易系统，开始接受首批 6 家试点会员券商融资融券交易申报，融资融券交易进入市场操作阶段。2011 年 11 月 25 日，经中国证监会批准，《上海证券交易所融资融券交易实施细则》正式发布，并自发布之日起施行；且自发布之日起，《上海证券交易所融资融券交易试点实施细则》同时废止。2013 年 4 月，多家券商将两融最新门槛调整为客户资产达 10 万元、开户满 6 个月。业内人士表示，券商大幅降低两融门槛，将提高这一市场交易活跃度。2015 年 11 月 13 日，上交所、深交所对融资融券交易实施细则进行修改，将投资者融资买入证券时的融资保证金最低比例由 50% 提高至 100%。自 2015 年 11 月 23 日起实施。

2019 年 8 月，证监会指导沪深交易所再次修订了《融资融券交易实施细则》，同时指导交易所进一步扩大融资融券标的范围，对融资融券交易机制作出较大幅度优化：一是取消了最低维持担保比例不得低于 130% 的统一限制，交由证券公司根据客户资信、担保品质量和公司风险承受能力，与客户自主约定最低维持担保比例。二是完善维持担保比例计算公式，除了现金、股票、债券外，客户还可以证券公司认可的其他证券等资产作为补充担保物，增强补充担保的灵活性。三是将融资融券标的股票数量由950只扩大至1600只。标的扩容后，市场融资融券标的市值占总市值比重由约70%达到80%以上，中小板、创业板股票市值占比大幅提升。证券公司融资融券业务自2010年试点开展至今，运作模式相对成熟，证券公司风险管理能力逐步提升。融资融券业务交易机制优化、扩大标的范围，进一步提升了融资融券交易市场化程度，引导证券公司发挥专业优势，维护市场活力；疏导投资者合理的投资需要，适当增加中小盘股票，正向引导资金规范入市，促进融资融券业务有序发展。

（三）影响

融资融券交易可以将更多信息融入证券价格，可以为市场提供方向相反的交易活动，当投资者认为股票价格过高和过低，可以通过融资的买入和融券的卖出促使股票价格趋于合理，有助于市场内在价格稳定机制的形成。融资融券交易作为证券市场一项具有重要意义的创新交易机制，需要特别指出的是，一方面可在一定程度上放大资金和证券供求，增加市场的交易量，从而活跃证券市场，增加证券市场的流动性；为投资者提供新的盈利方式、提升投资者交易理念、改变“单边市”的发展模式；拓宽证券公司业务范围，增加证券公司自有资金和自有证券的应用渠道，提高金融资产运用效率。另一方面，融资融券交易也蕴含着相比以往普通交易更复杂的风险。除具有普通交易具有的市场风险外，融资融券交易还蕴含了特有的杠杆交易风险、强制平仓风险、监管风险，以及信用、法律等其他风险。投资者在进行融资融券交易前，必须对相关风险有清醒的认知，才能最大程度避免损失、实现收益。

二、新三板做市商制度

做市商制度，即报价驱动制度，具体流程是：做市商建立、调整做市证券的合适库存并给出股票买入和卖出价，然后接受所报价位上的买单和卖单，即投资者发出卖出指令时做市商以自有资金买入、投资者发出买入指令时做市商用库存证券执行卖出，若库存证券不足，则向其他做市商购买，最后，根据市场情况调整做市证券的双向报价。从全球范围来看，采用单纯连续竞价交易的创业板市场共有10家，而单一做市商和混合模式的创业板市场分别为4家和8家。可见，从国际上看，引入做市商制度的创业板市场占了大多数。

作为我国多层次资本市场的组成部分，新三板对于我国资本市场有着重要的意义，其自身亦需要不断完善。在实现了协议转让的交易方式之后，做市转让方式开始浮出水面，相应的新三板做市商制度已于2014年8月底正式实施。从资本市场体系的角度出发，做市商制度的确立改变了目前以协议转让为主要渠道的股权转让方式，可解决目前新三板市场存在的价格不连续、大股东占用资金、关联交易等种种难题，进一步发挥新三板的市场功能，进而提高新三板交易市场的活跃程度，完善我国多层次资本市场结构，更好地为实体经济服务。

根据规定，新三板符合条件的挂牌企业必须拥有两家以上做市商为其做市。这意味着在做市商阶段，企业的估值、买卖价都不再由一家券商说了算，在多家做市商均可报价的情况下，如果估值不客观，不仅难赢得投资者，也会遭遇挂牌企业的不满，进而丧失做市商业务，甚至引发自营亏损。做市商可以通过四种方式获得公司股票：挂牌公司定向增发、挂牌公司股份在全国股转系统转让、股份在挂牌前转让，以及其他合法方式。一般而言，券商倾向于在挂牌前转让。原因在于，挂牌前转让可以不披露交易价格，而股票定增发行，必须公开披露价格。传统竞争性做市转让方式意味着投资者之间不能成交，必须通过做市商进行，而做市商之间的互报成交不纳入即时行情和指数测算，以免做市商通过对倒行为误导市场。从国际经验看，传统竞争性做市转让存在的一个问题就是流动性不足。尽管推出做市转让方式是为了提升市场的流动性，但这一意愿能否真的实现还有较大的不确定性。

作为一项制度创新，做市商制度在交易定价和流动性提供方面发挥着越来越重要的作用，成效来之不易，更需倍加珍惜。因此，需从以下三个方面进一步加以完善。首先，严格做市商的准入标准，保证做市商的专业能力和资质水平，实现做市业务的高效、有序运行。其次，需放开非券商机构做市，建立合理的做市商竞争机制。放开非券商机构做市，有助于增加做市服务的供给，形成合理的做市商竞争机制。最后，需进一步强化对做市商的做市行为监管，严格防止做市商利用优势市场地位损害挂牌公司和投资者合法权益。对于做市商“知法犯法”的行为，必须提高警惕、予以严厉处罚。

三、新三板分层制度

由于新三板准入端的包容度高，挂牌公司不仅在发展阶段、业务规模、盈利能力等方面存在较大差异，而且在行业特征、企业管理、发展潜力等方面也有很大差别。只有在市场内部进行适当分层，才能降低信息搜集成本，提高投资分析效率，增强风险控制能力，引导投融资精准对接，使投融资功能得到进一步完善。同时，通过内部分层，可在交易制度、发行制度、信息披露要求等制度供给方面进行差异化的安排，更好地为中小微企业提供融资、交易、并购、发债等方面的金融服务，以促进新三板市场持续、健康发展。

所谓新三板分层制度，是指在新三板挂牌的数量众多的企业当中，按照一定的分层标准，将其划分为若干个层次，对挂牌公司实现分类服务、分层监管，满足中小微企业不同发展阶段差异化需求。美国纳斯达克市场也是先后经历了三次分层，建立了“纳斯达克全球精选市场”，才孕育出苹果、微软、谷歌这些明星企业。

（一）2016年分层办法

在借鉴纳斯达克成功经验基础上，全国中小企业股份转让系统公司（以下简称“全国股转公司”）于2016年5月27日发布实施《全国中小企业股份转让系统挂牌公司分层管理办法（试行）》（以下简称《分层办法》），决定在新三板市场正式对挂牌公司实施分层管理，暂时分为基础和创新两个层次。

1. 已挂牌企业的分层标准

正式发布的《分层办法》给出了三套并行标准，以筛选出市场关注的不同类型公司进入创新层。这三套标准分别为：第一，近两年连续盈利，且年平均净利润不少于2000万元；近两年加权平均净资产收益率不低于10%。第二，近两年营业收入连续增长，且年均复合增长率不低于50%；近两年营业收入平均不低于4000万元；股本不少于2000万股。第三，最近有成交的60个做市转让日的平均市值不少于6亿元；最近一年年末股东权益不少于5000万元；做市商家数不少于6家；合格投资者不少于50人。

2. 拟挂牌企业申请直接进入创新层的标准

除已挂牌企业外，《分层办法》还特别针对拟挂牌企业申请直接进入创新层提出了具体标准。考虑申请挂牌公司尚未经过挂牌后的规范化运作和持续监管，尚未公开交易和分散股权，也没有做市交易市值，因此，《分层办法》对准入标准作了适当调整：一是将“申请挂牌即采用做市转让方式”作为申请挂牌公司进入创新层的共同标准；二是标准一增加了“申请挂牌同时发行股票，且融资额不低于1000万元”的要求；三是标准三中要求市值按照挂牌同时发行股票的价格计算，发行对象中应当包括不少于6家做市商，且融资额不低于1000万元。

3. 维持标准

为保证市场分层的动态管理，《分层办法》就创新层挂牌公司设置了三套并行的维持标准，并暂定为每年调整一次。创新层挂牌公司若不能满足三套维持标准之一，将被调整到基础层。创新层的三套维持标准包括：第一，近两年连续盈利，且年平均净利润不少于1200万元；近两年加权平均净资产收益率平均不低于6%。第二，近两年营业收入连续增长，且年均复合增长率不低于30%；最近两年营业收入平均不低于4000万元；股本不少于2000万股。第三，最近有成交的60个做市转让日的平均市值不少于3.6亿元；最近一年年末股东权益不少于5000万元；做市商家数不少于6家。

（二）2017 年分层办法修订

1. 交易制度方面，引入集合竞价

原采取协议转让方式的股票盘中交易方式统一调整为集合竞价；盘中时段的交易方式为集合竞价与做市转让两种，供挂牌企业自主选择。基础层采取每日收盘时段 1 次集合竞价，创新层采取每小时撮合 1 次的集合竞价，每天共 5 次。

2. 分层标准调整

在差异化准入标准中，调减净利润标准，提高营业收入标准，新增竞价市值标准；在共同准入标准中增加"合格投资者人数不少于 50 人"的要求；将维持标准改为以合法合规和基本财务要求为主。具体为：（1）近两年年平均净利润由不少于 2000 万元下调至 1000 万元，同时净资产收益率由不低于 10%，降低至不低于 8%。（2）新规对公司成长性有了更高要求，将最近两年年均营收不低于 4000 万元，提高至 6000 万元。意在为了防止规模过小、经营不稳定的公司进入创新层。（3）对公司净资产有了更高要求，由公司股东权益不少于 5000 万元调整为股本不少于 5000 万元。

3. 实行差异化信息披露制度

在坚持信息披露真实、准确、完整、及时和公平的基础上，探索实施创新层企业与基础层企业差异化的信息披露制度。对创新层公司信息披露从严要求，基础层公司继续执行现有信息披露规则，但对其中要求过严、明显不合理的个别规定作出了修改。

（三）2019 年分层办法新规

为了完善分层管理，优化市场层级结构，2019 年 12 月 27 日，全国中小企业股份转让系统有限责任公司对《全国中小企业股份转让系统挂牌公司分层管理办法》进行了修订，并更名为《全国中小企业股份转让系统分层管理办法》，经中国证监会批准，予以发布，并自发布之日起施行。2017 年 12 月 22 日发布的《全国中小企业股份转让系统挂牌公司分层管理办法》同时废止。

新办法规定，符合中国证监会、证券交易所和全国股转公司有关规定的精选层挂牌公司，可以直接向证券交易所申请上市交易。挂牌公司未进入创新层和精选层的，应当进入基础层。在全国股转系统连续挂牌满 12 个月的创新层挂牌公司，可以申请公开发行并进入精选层。

1. 入选精选层条件

挂牌公司申请公开发行并进入精选层时，应当符合下列条件之一：

（1）市值不低于 2 亿元，最近两年净利润均不低于 1500 万元且加权平均净资产收益率平均不低于 8%，或者最近一年净利润不低于 2500 万元且加权平均净资产收益率不低于8%；

（2）市值不低于4亿元，最近两年营业收入平均不低于1亿元，且最近一年营业收入增长率不低于30%，最近一年经营活动产生的现金流量净额为正；

（3）市值不低于8亿元，最近一年营业收入不低于2亿元，最近两年研发投入合计占最近两年营业收入合计比例不低于8%；

（4）市值不低于15亿元，最近两年研发投入合计不低于5000万元。

2. 进入创新层条件

挂牌公司进入创新层，应当符合下列条件之一：

（1）最近两年净利润均不低于1000万元，最近两年加权平均净资产收益率平均不低于8%，股本总额不少于2000万元；

（2）最近两年营业收入平均不低于6000万元，且持续增长，年均复合增长率不低于50%，股本总额不少于2000万元；

（3）最近有成交的60个做市或者集合竞价交易日的平均市值不低于6亿元，股本总额不少于5000万元；采取做市交易方式的，做市商家数不少于6家。

（四）对市场的影响

承载着企业孵化器使命的新三板，如果能为企业在不同阶段提供针对性的服务，则可留存优质企业。

1. 融资选择多元化

新三板覆盖面广，包括盈利能力较强的成熟企业、处于成长期的微利企业和初创期的亏损企业。分层管理更有助于对应挂牌公司多元化的融资选择，未来在推出公司债、可转债、优先股等一系列新型融资工具时，可在不同层次的内部市场分别予以考虑。

2. 投资标的多元化

新三板扩容迅速，挂牌公司的小规模、高科技、初创期、细分行业等特征，令投资者面对海量挂牌公司，在信息收集、标的遴选、研究决策等方面的难度日益加大。而分层归类有助于降低信息不对称性，能让不同投资者甄选合适的投资标的，提升市场流动性，规避投资风险。从盈利能力、成长性和市场认可三个维度划设创新层，对进入创新层的企业提出更高的信息披露及规范性要求，将对挂牌公司形成引导效应，为投资人遴选标的及投研决策提供更充分的信息和更大便利。据全国中小企业股份转让系统（新三板）官网数据显示，截至2019年12月16日，在9019家新三板企业中，创新层671家，占比约为7.44%。其中，共有239家转让方式为做市转让，占创新层比例约为35.62%。

3. 升层机遇与挑战

（1）新三板公司纳入创新层既是机会，也有代价，但总体而言机会更大。

企业进入创新层后，首先可以享受较高的估值水平与流动性溢价；其次创新层公司将会优先作为融资制度、交易制度的制度创新试点；最后企业可获得较高的市场关注度，对于企业经营发展和后续融资等方面都会带来较大帮助。但与此同时，创新层公司也将被要求更为严格的各项监管及强制性的信息披露，无疑会增大企业的压力和成本。

（2）新三板改革增设精选层，定位于承载财务状况良好或创新能力较强、市场认可度较高、完成公开发行、具有较高公众化水平的优质企业，匹配与其股权结构相适应的交易和投资者适当性制度，对精选层公司严格监管。精选层在制度上实现新三板与交易所市场对接，为落实转板上市提供了制度和企业基础。申请转板上市的企业应当为新三板精选层挂牌公司，且在精选层连续挂牌一年以上，还应符合转入板块的上市条件。交易所可以根据需要，在上市条件中对股东人数、持股比例、市值及流动性等提出要求。转板上市由交易所依据上市规则审核并作出决定。

精选层作为新三板的优质企业层，严格监管是必然选择，这一安排也为精选层挂牌公司今后转板到交易所市场奠定制度基础，以期未来精选层挂牌公司与交易所市场进行无缝对接，降低挂牌公司的转板风险。精选层在交易规则、流动性水平、公司监管、市场有效性等方面与交易所市场趋同，转板公司在上市前后不存在制度套利空间，可以有效防止跨市场制度套利。

新三板市场和挂牌公司将会面临公开发行带来的市场化考验，公开发行的证券可在新三板公开交易和转让，以此为基础，实际是扩大了内幕交易、操纵市场等违规行为相关条文的适用范围，新三板市场出现的内幕交易、操纵市场等违规行为可以直接适用新证券法。先行赔付、集体诉讼等投资者保护安排以及有关法律责任追究等加大违法违规成本的规定无疑成为精选层挂牌公司的行为禁地。

4. 后续制度创新的基础

对整个新三板市场而言，内部分层作为多层次资本市场体系的进一步细化，内部各层次的互通流转可为未来实施转板机制提供有益探索。此外，分层管理更大的意义在于为后续的公募入场、做市商扩容（允许非券商机构参与做市）、降低投资者准入门槛、引入竞价交易等一系列制度创新奠定基础。

精选层挂牌审查“聚焦信息披露质量”“不对投资价值做判断”及“充分发挥自律管理职能”等规则已基本符合注册制的本质要求。因此，可以说精选层挂牌审查是继科创板实施注册制之后的又一次尝试，它无疑将为后续资本市场全面推行注册制改革积累经验。

（五）不同板块转板机制

多层次资本市场的可持续发展，离不开分别决定了市场发展的经济基础及活跃程度的充沛的交易资源和差异化的交易制度这两大要素。交易资源与交易制度又是互相关联的，关联点就是转板机制。各层次市场间通过转板完成交易资源的不断输送，最终通过差异化的交易来实现资源的有效配置。

多层次的资本市场出发点是为了满足不同发展阶段的企业的融资需求。不同层次的市场板块无论是上市要求、交易方式还是投资者群体都存在差异，转板机制通过转板条件、转板程序等方面的设计为不同层次的资本市场的差异化交易制度提供了一个衔接。具体而言，已挂牌上市的企业在持续发展过程中，若原本所在的市场板块已不再满足企业发展的需求，就需要引入转板机制，为这类企业提供进入其他市场板块的可能。因此，建立资本市场转板机制是改变目前我国市场结构倒置，完善多层次资本市场体系的重要机制。转板机制的构建一方面能够实现不同板块之间的互联互通，进而有利于不同板块之间形成差异化特征；另一方面能够激发市场活力，鼓励更多企业在门槛较低的场外市场先行挂牌，进而形成与成熟市场相似的、以强大的场外市场为基础的金字塔型的市场体系。这些都是完善我国多层次分明市场体系的客观要求，有利于提高资本市场资源配置效率、激发基础板块活跃度、助力企业成长及产业布局调整。

转板上市制度的实施，将拓宽资本进入实体经济、民营经济的渠道，形成多层次资本市场协同发展的合力，增强金融服务实体经济的能力，不仅不会影响新三板市场生态，反而会促进新三板市场功能发挥：一是打通民营、中小企业成长壮大的上升通道，发挥龙头企业示范效应，进一步激发市场活力，更好地服务中小企业和民营经济成长壮大。二是发挥新三板在交易所和区域性股权市场之间承上启下的作用，为形成上下贯通的多层次资本市场体系创造良好基础。三是有利于畅通投资机构退出渠道，形成符合投融资双方需求的良好市场生态，激发整个多层次资本市场服务创新的活力。

2013 年以来，共有 97 家新三板挂牌（含曾经挂牌）的公司实现 IPO 上市。截至 2020 年 3 月，已在科创板上市的新三板挂牌公司有 19 家，占科创板上市公司总量的 20. 88%；科创板在审企业中新三板挂牌公司有 31 家，占科创板在审企业总数的 35. 23%。但目前，挂牌公司到沪深交易所上市需要履行从新三板摘牌并经证监会重新核准或注册程序，在 IPO 审核过程中与其他企业无差异，摘牌再上市也显著增加了转板企业成本。

四、区域性股权交易市场

区域性股权交易市场（俗称“四板市场”）是为特定区域内的企业提供股权、债券的转让和融资服务的私募市场，是我国多层次资本市场的重要组成部分，亦是中国多层次资本市场建设中必不可少的部分。对于促进企业特别是中小微企业股权交易和融资，鼓励科技创新和激活民间资本，加强对实体经济薄弱环节的支持，具有积极作用。

2019 年 7 月，中国证监会发布了《关于规范发展区域性股权市场的指导意见》（清整办函〔2019〕131 号）（以下简称《指导意见》）。《指导意见》明确了大力推动区域性股权市场规范发展的若干政策意见，是继国务院办公厅发布《关于规范发展区域性股权市场的通知》（国办发〔2017〕11 号）（以下简称《通知》）、证监会发布《区域性股权市场监督管理试行办法》（证监会令第 132 号）之后，又一份推动区域性股权市场规范发展的纲领性文件。《指导意见》称，区域性股权市场逐步走上了规范发展的道路，历史问题得到基本解决，基础制度不断健全，业务风险总体可控，服务支持了一大批民营企业和小微企业，但功能发挥还不充分，仍存在一些风险隐患。为此，《指导意见》从准确把握市场发展定位、严格实施分类分层管理、做实做精股权融资业务等十个方面提出了进一步促进区域性股权市场健康发展的具体要求。

区域性股权市场是主要服务于所在省级行政区域内中小微企业的私募股权市场，区域性股权市场运营机构应立足本省级行政区域开展业务，不得跨省级行政区域经营，不得在省外设立分支机构，不得公开或变相公开发行证券；作为省级行政区域（含计划单列市）内唯一的地方性证券交易场所，要坚持高质量发展理念，强化品牌信用意识，做到持续合规运营，稳步扩大市场覆盖面和影响力。区域性股权市场是多层次资本市场的塔基，也是地方重要的金融基础设施，是促进创新创业和经济转型升级的有力抓手。支持区域性股权市场集聚地方金融要素，建设以股权融资为核心的综合金融服务平台，为中小微企业提供改制辅导、融资转让、财务顾问、信息咨询、管理培训、路演宣传、培育孵化等一揽子服务。鼓励地方上市后备企业到区域性股权市场挂牌进行规范培育，鼓励符合条件的区域性股权市场挂牌公司到新三板挂牌或证券交易所上市。

区域性股权市场是地方人民政府扶持中小微企业政策措施的综合运用平台。根据《通知》等文件规定，地方人民政府可通过区域性股权市场运用贴息、担保、投资等扶持中小微企业的政策措施，在税收优惠、财政补贴、人才引进、土地供应、工商登记对接等方面出台政策支持区域性股权市场发展，引导优质企业挂牌；设立担保、投资类引导基金，通过市场化方式吸引更多社会资金，投资区域性股权市场挂牌企业；组织协调当地宣传媒体加强正面引导，全面讲解区域性股权市场的功能作用、市场定位、运行情况以及服务当地小微企业的典型案例，为市场发展营造良好的外部发展环境。

此外，还需强化区域性股权交易市场与新三板市场的互动，实现区域性股权交易市场与沪深交易所、新三板有序衔接、功能互补，真正成为多层次资本市场的基础，使“区域性股权交易市场 + 新三板市场”比交易所市场更能发挥服务实体经济尤其是科技型中小企业的作用。

五、绿色 IPO 制度

中国证券监督管理委员会于 2016 年 9 月 9 日发布《中国证监会关于发挥资本市场作用服务国家脱贫攻坚战略的意见》（以下简称《意见》），提出将对全国 592 个贫困县企业 IPO、新三板挂牌、债券发行、并购重组等开辟绿色通道。《意见》要求集聚证监会系统和资本市场主体的合力服务国家脱贫攻坚战略，支持贫困地区企业利用多层次资本市场融资，支持和鼓励上市公司、证券基金期货经营机构履行扶贫社会责任，切实加强贫困地区投资者保护。

根据该意见内容，满足一定条件的企业，可享受“即报即审、审过即发”的优先首次公开发行股票（IPO）政策优惠，具体包括以下内容：一是对注册地和主要生产经营地均在贫困地区且开展生产经营满三年、缴纳所得税满三年的企业，或者注册地在贫困地区、最近一年在贫困地区缴纳所得税不低于 2000 万元且承诺上市后三年内不变更注册地的企业，申请 IPO 并上市的，适用“即报即审、审过即发”政策。二是对注册地在贫困地区的企业申请在全国中小企业股份转让系统挂牌的，实行“专人对接、专项审核”，适用“即报即审、审过即挂”政策，减免挂牌初费。三是对注册地在贫困地区的企业发行公司债、资产支持证券的，实行“专人对接、专项审核”，适用“即报即审”政策。受益于“绿色通道”，2016 年西部地区和贫困地区申报企业优先审核，来自西藏和新疆的 9 家企业完成 IPO，实现融资 34.47 亿元，7 家来自贫困地区的首发企业获得优先审核，在确保条件标准不降低、程序环节不减少和企业质量不下降的前提下优先首发上市。

需要特别指出的是，绿色 IPO 政策对贫困地区的支持，表面上看似乎与资本市场的逻辑有所出入，但实质上并非放松这些地区公司上市的审核条件，而是给予专业帮助。对贫困地区的项目，给予审核流程上的优先安排，是在政策上弥补贫困地区的商业和专业服务滞后，弥补贫困地区的资本市场人才匮乏带来的不足，旨在缓解落后地区企业在获得资本服务上的不平等，缓解落后地区企业的机会不平等，是为了制度公平，而非降低落后地区企业的上市门槛。

六、大发审委制度

中国证监全发行审核委员会（简称发审委）制度是发行监管制度的重要组成部分。为进一步坚持依法全面从严监管理念，稳步推进新股发行常态化工作，提高资本市场服务实体经济能力，2017 年 9 月 30 日成立了第十七届发审委，由于此届在 IPO 审核上，不再区分主板发审委和创业板发审委，因此，业界将两者合并后的发审委称为“大发审委”。

首届“大发审委”之所以备受关注，原因并不在于将审核的范围扩大到所有拟在 A 股上市的公司，而是在于这届发审委的严苛。从数据上看，自 2017 年 10 月 17 日开始首秀至 2018 年 9 月 21 日临近一年任期届满，“大发审委”共计审核了 228 家拟上市公司，其中 137 家企业通过审核，通过率为 60.09%，86 家被否，16 家暂缓表决（包括后续审核过会和被否的企业），另外有 12 家企业在公布发审会日期后取消审核。对比历史数据，2015 年与 2016 年，发审委审核通过率分别为 92.28% 和 91.14%，2017 年全年通过率受新一届发审委影响，降至 79.33%。新一届大发审委上任后，审核的角度更加全面，审核的标准更加严格，告别了之前业绩为王的审核理念，进入全面综合条件审慎评估的审核时代，审核态度更为谨慎。由于“大发审委”的震慑，在某种程度上也极大地缓解了 IPO 堰塞湖的压力。总体上看，第十七届发审委在稳步推进新股发行常态化工作、强化市场主体归位尽责、净化市场生态环境等方面发挥了积极作用。

第十七届发审委之所以成为“史上最严的发审委”，究其原因在于证监会公开对发审委委员提出了明确的要求。为进一步规范审核权力运行机制和防范权力寻租，证监会从体制机制和组织架构等方面对旧版的《中国证券监督管理委员会发行审核委员会办法》进行优化。根据修改后的办法规定，中国证监会设立发行审核监察委员会，采取按一定比例对发行审核项目进行抽查的方式，对发行审核工作进行监察。该委员会职责主要是对首次公开发行、再融资、并购重组实行全方位的监察，对发审委和委员的履职行为进行 360 度评价。健全监督制约机制，坚持无禁区、全覆盖、零容忍，终身追责。这意味着，此前一直游走于监管的灰色地带却手握大权的发审委与委员也成为被“监察”的对象。更重要的是，此前不用承担任何责任的发审委委员，一旦依法行政中出现纰漏，将会被终身追责。

第二节　中国资本市场产品创新

制度创新和产品创新是我国资本市场全面开放时代的必然选择。经过近 30 年的发展，目前中国资本市场已拥有上市公司近 4000 家，设立了沪深主板、深市中小企业板、深市创业板、沪市科创板、深市新三板等多个交易市场，上市 A 股、B 股、债券、期货、期权等多个交易品种。由表 2.2 可以看出，近年来我国资本市场主要推出如下创新产品，主要可分为债券类、期货类和期权类。

表 2.2　近年来我国资本市场产品创新

时　间	创新产品	交易市场
2013 年 9 月 6 日	5 年期国债期货	中国金融期货交易所
2014 年	SLO（公开市场短期流动性调节工具）	公开市场

续表 2.2

时　间	创 新 产 品	交 易 市 场
2015 年 2 月 9 日	上证 50ETF 股票期权	上海证券交易所
2015 年 3 月 20 日	10 年期国债期货	中国金融期货交易所
2015 年 4 月 16 日	上证 50 和中证 500 指数期货	中国金融期货交易所
2016 年	绿色金融债券	银行间债券市场
2017 年	创新创业债券	沪深证券交易所
	社会责任公司债券	上海证券交易所
2018 年	CDR（中国存托凭证）	境内市场
2018 年 8 月 17 日	2 年期国债期货	中国金融期货交易所
2019 年 12 月 20 日	黄金期权	上海期货交易所
2019 年 12 月 23 日	沪深 300ETF 期权	沪深证券交易所
	沪深 300 股指期权	中国金融期货交易所

资料来源：根据相关资料整理。

一、债券类创新产品

债券类创新产品主要包括在银行间债券市场交易的绿色金融债券、沪深证券交易所上市的创新创业债券和上海证券交易所挂牌的社会责任公司债券。

（一）绿色金融债券

绿色债券是国际绿色金融市场发展最成熟，同时也是影响最广泛的产品。作为重要的绿色金融产品，绿色债券也已成为我国绿色金融市场上最闪亮的新星。2016 年我国绿色债券市场正式启动后，发行规模迅速增长，一跃成为全球最大的绿色债券市场。2019 年上半年发行规模达 1316 亿元，较 2018 年增长 52%，继续保持良好发展势头。

金融债券是指银行及其他金融机构发行的债券。金融债券期限一般为 3 ~ 5 年，其利率略高于同期定期存款利率水平。金融债券由于其发行者为金融机构，因此资信等级相对较高，多为信用债券。绿色金融债券是指金融机构依法发行的、募集资金用于支持绿色产业并按约定还本付息的有价证券。金融机构通常包括开发性银行、政策性银行、商业银行、企业集团财务公司等。与之相对的是由非金融机构发行的非金融企业绿债（包括公司债、企业债和中期票据）。在我国绿色债券市场发展中，绿色金融债券一直占据着主导地位，政策体系不断完善，市场规模也远超其他绿色券种。

绿色金融债券是我国建立绿色金融体系的国家战略，是一个创新性的金融制度。为了引导商业银行加大绿色信贷投放，人民银行在银行间债券市场推出了绿色金融债券，也就是说绿色金融债券是由人民银行牵头发行的，由人民银行去规范、引导商业银行建立完善的绿色信贷体系。国家希望人民银行通过这样的制度联合各部门来激励更多的社会资金投资于绿色产业，共同推动绿色金融债券市场发展，更好发挥债券市场服务绿色经济发展和生态文明建设的积极作用。

发行绿色金融债券可为商业银行开拓新的业务增长空间，缓解金融机构期限错配难题，增强中长期绿色信贷投放能力。因此，各类银行均踊跃参与绿色金融债券的发行与交易。2016 年 2 月 22 日，青岛银行召开新闻发布会，公布了规模为 80 亿元人民币的绿色金融债券（简称“绿债”）发行计划。作为中国国内首批通过中国人民银行审批的三家“绿债”试点行之一，青岛银行成为中国首家发行“绿债”的城市商业银行。根据 Wind 金融数据库与中央财经大学绿色金融国际研究院统计，2018 年，包含政策性银行、股份制商业银行、城市商业银行和农村商业银行在内的 31 家银行共计发行了 38 只绿色金融债券，由 2 只政策银行债和 36 只商业银行债组成。发行数量分布更为分散，相较于 2017 年国家开发银行和乐山市商业银行各发行 5 只绿色债券，2018 年仅有中国农业发展银行、兴业银行、贵州银行等 7 家银行发行 2 只绿色债券，其余 24 家银行各发行一只，但发行金额更为集中。相较于 2017 年全年发行规模最大的北京银行和国家开发银行（均发行 300 亿元绿色债券），2018 年兴业银行共发行 600 亿元绿色债券，占银行业发行总额 46.54%，占全国市场发行总额的 29.02%。

作为国内绿色金融先行者，兴业银行于 2016 年落地境内首单绿色金融债，当年完成三期合计 500 亿元绿色金融债券发行，并在绿色债券领域持续创新突破，已成为国内绿色债券市场的重要参与者和积极建设者。2018 年 11 月该行再次发行两期合计 600 亿元绿色金融债券，并同步完成首支境外绿色金融债券发行，成为中资商业银行中首家完成境内境外两个市场绿色金融债券发行的银行，亦成为全球绿色金融债券发行余额最大的商业金融机构。同时，在绿色债券承销领域，该行银行间市场绿色债务融资工具承销金额连续两年位列市场首位。此外，该行还持续引领市场发展，先后落地国内银行间及交易所市场首单融资租赁绿色债券、银行间债券市场首单“三绿”资产支持票据，联合中债公司推出“中债-兴业绿债指数”等。

（二）创新创业公司债券

创新创业公司债券，简称“双创债”，是指符合条件的创新创业公司、创业投资公司，依照相关法律发行的公司债券。2017 年 7 月 4 日，证监会发布《中国证监会关于开展创新创业公司债券试点的指导意见》（第 10 号公告）（以下简称《指导意见》），以充分发挥交易所债券市场支持高科技成长型企业发展、服务实体经济的积极作用，努力探索适合创新创业企业发展的债券市场服务支持新模式。作为证监会丰富公司债券发行主体结构、拓宽中小企业融资渠道、切实支持创新创业的重要举措，在试点期间，监管层重点支持新三板创新层企业以及在指定区域运营的公司发行创新创业公司债券。

《指导意见》明确以下事项：一是创新创业债属于公司债券的一个子类别，遵循《中华人民共和国证券法》《中华人民共和国公司法》《公司债券发行与交易管理办法》和其他相关法律法规；二是发行主体范围包括创新创业公司以及募集资金专项投资于创新创业公司的公司制创业投资基金和创业投资基金管理机构；三是中国证监会、证券自律组织建立创新创业债配套机制，包括专项审核、绿色通道、统一标识等；四是允许非公开发行的创新创业债设置转股条款，满足多元化的投资需求；五是将创新创业债承销情况纳入证券公司经营业绩排名体系和履行社会责任评价体系，对证券经营机构开展创新创业债中介服务的工作成效进行考评；六是鼓励相关部门和地方政府通过多种方式提供政策支持，将创新创业债纳入地方金融财税支持体系。

从已发行的双创债券来看，发行方式以私募为主；发行规模以 3000 万元左右为主，普遍小于普通公司债；债券期限以 1~2 年为主。发行双创债的公司涉及的核心技术有工业气体生产与研发、锂电模组研发及生产、水处理和空间洁净、液晶显示屏研发及生产和医疗护理系统设计，均属于高新技术。双创债发行主体中，除龙腾光电、璞泰来暂未上市外，方林科技、传视影视、普滤得、金宏气体、广厦网络已在新三板创新层挂牌，德品医疗、青天科技、天图投资在新三板基础层挂牌，阳普医疗在创业板挂牌。

其中，17 天图 01 是发行规模最大的创业投资公司 PE 类双创债试点第一单。股票代码为 833979，股票简称天图投资，债券简称“17 天图 01”，募集资金为 10 亿元；天图投资被获准发行不超过 18 亿元双创债，公司采用分期方式发行，其中首期基础规模 5 亿元，附不超过 5 亿元（含）超额配售选择权。在实际发行中，天图投资行使超额配售选择权，最终发行规模 10 亿元。

随着试点开展，创新创业债券促进中小科创型企业资本形成已经产生了一些具有借鉴意义的案例，形成了较好的示范带动效应。在充分吸取试点经验的基础上，应从以下两方面进一步深化创新创业债券试点，完善创新创业债券的投融资环境。一是产品端由点到面，协同推进创投债、可转债、园区债、风险缓释工具等。实践中，一些创新创业企业本身融资能力较弱，发行创新创业债直接融资的能力有限，因此，需要进一步探索丰富创新创业债券产品群，立体化、多维度完善对创新创业的支持力度。二是推动统一标识、专门指数、专门板块，促进信用分化、信用辨识和有效信用定价。深化创新创业债试点，在现有统一标识的基础上推进专门指数、相对独立的创新创业债板块，有利于促进形成适应创新创业企业特征的信用发现、信用识别、信用定价机制。同时，做好市场监测和风险防控，对创新创业债单独统计违约率，建立健全有针对性的风险防控和监管体系；逐渐推动债券市场信用分化、风险分层、产品分类，建立健全信用风险的市场化定价功能，提升债券市场的定价功能和风险管理功能，促进稳妥、有序、有效地打破刚性兑付，切实推进市场化法治化的违约处置机制的健全和完善。

（三）社会责任公司债券

社会责任债券指将募集资金全部用于为新建或存量的社会效益项目提供全部、部分融资或再融资的任何债务工具，需要具备募集资金使用、项目评估和遴选流程、募集资金管理和报告四大核心要素。同时包含社会效益和环境效益募投项目的债券称为可持续发展债券，因此对于那些可能同时具有环境效益的社会效益项目，发行人需根据募投项目的首要目的确定该债券是否划分为社会责任债券。目前共有四种类型的社会责任债券：一是对债券发行人具有追索权的债务工具的标准社会责任债券；二是对债券发行人不具有追索权，以质押的收入、收费、税收现金流作为主要还款来源的债务工具，募集资金用于与现金流来源相关或不相关的社会效益项目的社会责任收益债券；三是对应一个或多个社会效益项目的债务工具，投资者直接承担项目风险，可能对发行人具有追索权的社会责任项目债券；四是由与一个或多个社会效益项目作为抵押的债务工具的社会责任资产支持证券，包括资产担保债券、资产支持证券、住房抵押贷款支持证券等多种结构类型，第一还款来源一般为资产的现金流收入。

2017 年 11 月 3 日，湖北武汉农商行联合东方花旗证券发行的“宜昌长乐投资集团有限公司非公开发行社会责任公司债券（扶贫）”在上海证券交易所成功挂牌，这是全国首单专项用于扶贫的社会责任债券，期限 7 年，票面利率 7.00%，发行金额 5 亿元，首期发行 3 亿元，募集资金将全部用于宜昌市五峰土家族自治县的精准扶贫项目。该项目的融资方案由作为项目发起行和收入归集行的武汉农商银行设计，由武汉东创投资担保有限公司提供全额不可撤销的连带责任保证担保。此次发债募集资金主要用于易地扶贫搬迁安置点房屋及配套设施建设、脱贫发展产业建设等，直接受益对象均为湖北省五峰县建档立卡贫困人口。用于产业扶贫项目，如旅游产业、养殖业、中蜂、高山蔬菜等收益，是偿还债务的主要途径。此外，易地扶贫搬迁后置换出来的土地整理后上市交易，也可用于偿债补充来源。此次成功发行是我国金融扶贫的一大创新，通过借助资本市场的融资优势，发挥市场化机制的作用，满足贫困地区精准对接扶贫个性化的需求。

二、期货类创新产品

这里主要分析国债、股票价格指数等金融期货创新产品。自 2010 年 4 月第一个金融期货产品——沪深 300 股指期货上市以来，我国金融期货市场发展取得了长足进步，初步形成了以权益类、利率类为核心的金融期货产品体系，为稳定股票市场、债券市场，提高直接融资比例，助力多层次资本市场健康发展发挥了积极作用。

（一）国债期货

国债期货是国际市场上普遍使用的利率风险管理工具，其规避利率风险和价格发现的功能得到国际金融市场的广泛认同。作为金融期货中高级衍生工具，国债期货是在20世纪70年代美国金融市场不稳定的背景下，为满足投资者规避利率风险的需求产生的。美国当时先后发生的两次“石油危机”导致美国通胀日趋严重，利率波动频繁。固定利率国债的持有者对风险管理和债券保值的强烈需求，使得具备套期保值功能的国债期货应运而生。自1976年1月，美国芝加哥商业交易所（CME）推出第一张国债期货合约——90天期的短期国库券期货合约以来，美国国债期货已成为全球成交最活跃的金融期货品种之一。由于推出国债期货要求有一定规模、流动性较强的国债现货市场与之相匹配，世界上推出国债期货市场的国家并不是太多，主要国集中于美国（1976年）、英国（1982年）、澳大利亚（1984年）、日本（1985年）、德国（1990年）、韩国（1999年）等主要经济发达国家。

作为中国金融期货的先驱，中国的国债期货交易试点开始于1992年，结束于1995年5月，历时两年半。1992年12月，上海证券交易所率先开放了国债期货交易，推出了12个品种的国债期货合约，对应1992年发行1995年6月到期兑付的3年期国库券，该券发行总量240亿元人民币，兑付办法是票面利率8%加保值贴息。1995年2月23日，空方主力上海万国证券公司在最后8分钟内砸出1056万口卖单，面值达2112亿元，大大超过所有327国债总额240亿元，被确认为恶意违规，此即“327国债事件”。1995年5月17日下午，中国证监会发出通知，决定暂停国债期货交易。各交易场所从5月18日起组织会员协议平仓；5月31日，全国14个国债期货交易场所全部平仓完毕，中国首次国债期货交易试点以失败而告终。

1. 5年期国债期货合约

在国债期货暂停交易18年、沪深300股指期货成功运行3年后，中国金融期货交易所于2013年9月6日首次上市交易5年期国债期货合约。国债期货的正式挂牌上市，是我国多层次资本市场建设取得的重要成果，是继股指期货之后期货衍生品市场创新发展的重要突破，也是推进上海国际金融中心建设的重要内容。上市国债期货有利于建立市场化的定价基准，完善国债发行体制，推进利率市场化改革，引导资源优化配置；有利于风险管理工具的多样化，为金融机构提供更多的避险工具和资产配置方式；有利于完善金融机构创新机制，增强其服务实体经济能力；也可以为外国包括中央银行在内的投资者提供套期保值工具，从而有利于推进人民币国际化进程。

表2.3为5年期国债期货合约表。5年期国债期货首批上市合约为2013年12月（TF1312）、2014年3月（TF1403）和2014年6月（TF1406）。各合约挂盘基准价由交易所在合约上市交易前一交易日公布。TF1312合约可交割国债涵盖26个国债品种，TF1403合约及TF1406合约均涵盖22个国债品种。所有可交割国债均为跨银行间、上交所、深交所市场交易的记账式国债。

表2.3　5年期国债期货合约表

合约标的	面值为100万元人民币、票面利率为3%的名义中期国债	每日价格最大波动限制	上一交易日结算价的±1.2%
可交割国债	发行期限不高于7年、合约到期月份首日剩余期限为4～5.25年的记账式附息国债	最低交易保证金	合约价值的1%
报价方式	百元净价报价	最后交易日	合约到期月份的第二个星期五
最小变动价位	0.005元	最后交割日	最后交易日后的第三个交易日
合约月份	最近的三个季月（3月、6月、9月、12月中的最近三个月循环）	交割方式	实物交割
交易时间	09：15—11：30，13：00—15：15	交易代码	TF
最后交易日交易时间	09：15—11：30	上市交易所	中国金融期货交易所

资料来源：中国金融期货交易所 http：//www.cffex.com.cn。

从已上市的5年期国债期货运行情况来看，市场交易理性，持仓规模不断增加。自5年期国债期货上市以来，国债发行中标价格与国债期货价格之间的基差最低仅为0.07元，国债期货为国债招标发行提供了重要的定价参考。此外，国债期货的避险功能也促进了国债的发行。5年期国债期货推出后，在加快金融机构产品创新、拓展业务范围、丰富盈利模式等方面的作用已初显。各类机构借助5年期国债期货推出了多种结构化产品，促进了整个金融市场的创新。截至2014年12月31日，参与国债期货交易的资管产品达343个，证券、基金、私募等机构均参与其中。推出更多国债期货品种，将有助于金融机构进一步加快产品创新步伐，丰富盈利模式。仅有5年期国债期货还不够，上市10年期国债期货将有效提高长期国债的定价效率，进一步提升国债收益率曲线反映市场供求关系的有效性。

2. 10 年期国债期货合约

2015 年 3 月 20 日，10 年期国债期货合约挂牌中国金融期货交易所，这意味着继 5 年期国债期货合约之后，国内第二个国债期货合约产品正式交易。10 年期国债期货是关键期限国债衍生产品，其上市交易将会有助于完善国债期货产品序列，进一步健全反映市场供求关系的国债收益率曲线，也有利于丰富投资者的交易策略，满足金融机构对不同期限国债期货产品的避险和投机需求。由于 10 年期国债利率是利率走向的“风向标”，反映了一个国家主权债务的利率水平和市场情况，不仅为金融体系提供基础定价参考，也是国家经济和金融运行状况的“体温计”，因此其成功上市提升了定价的准确性和有效性，标志着利率市场化向前迈进了一大步。

由表 2.4 可以看出，已上市的 10 年期国债期货合约交易代码为 T，实行到期实物交割，标的为面值 100 万元人民币、票面利率 3% 的名义长期国债，挂牌合约为最近的三个季月，最低交易保证金为 2%，每日最大波动幅度为前一交易日结算价的上下 2%。

表 2.4　10 年期国债期货合约表

合约标的	面值为 100 万元人民币、票面利率为 3% 的名义长期国债	每日价格最大波动限制	上一交易日结算价的 ±2%
可交割国债	发行期限不高于 10 年、合约到期月份首日剩余期限不低于 6.5 年的记账式附息国债	最低交易保证金	合约价值的 2%
报价方式	百元净价报价	最后交易日	合约到期月份的第二个星期五
最小变动价位	0.005 元	最后交割日	最后交易日后的第三个交易日
合约月份	最近的三个季月（3 月、6 月、9 月、12 月中的最近三个月循环）	交割方式	实物交割
交易时间	9：15—11：30，13：00—15：15	交易代码	T
最后交易日交易时间	9：15—11：30	上市交易所	中国金融期货交易所

资料来源：中国金融期货交易所 http：//www.cffex.com.cn。

3. 2 年期国债期货合约

2018 年 8 月 17 日上午，2 年期国债期货在中国金融期货交易所成功挂牌上市，这标志着我国已基本形成 2 年、5 年、10 年关键期限，覆盖短中长期的国债期货产品体系。2 年期国债是中短期国债的标杆，2 年期国债期货的上市，将进一步丰富利率风险管理工具。公开透明、连续有效的国债期货价格最能提高现货市场价格发现功能，进一步提高国债市场收益率曲线在期限结构和利差结构等方面定价的有效性，为市场提供更加可靠、有效的资金价格信号，助力货币政策更加迅速、有效地传导。

国债期货在金融防风险去杠杆过程中，发挥了非常重要的利率风险管理作用。2 年期国债期货上市，是继 5 年期、10 年期国债期货之后场内利率衍生品市场创新发展的又一里程碑，进一步丰富了金融产品和工具，拓展了金融市场的广度和深度，对于稳步推进利率市场化改革，促进债券市场健康发展，以及深化上海金融市场开放发展，增强上海国际金融中心的核心竞争力和国际影响力，均具有非常重要的意义。

2 年期国债期货合约见表 2.5。首批上市合约为 2018 年 12 月（TS1812）、2019 年 3 月（TS1903）和 2019 年 6 月（TS1906）。上市当天，2 年期国债期货主力合约 TS1812 以 99.400 元开盘，较挂盘基准价（99.360 元）上涨 0.04 元；随后，市场成交逐步活跃，持仓规模稳步增加，价格有所回落。截至收盘，2 年期国债期货共成交 8571 手，持仓量 2981 手，主力合约 TS1812 收于 99.160 元，较挂盘基准价下降 0.200 元，降幅 0.20%。上市首日市场运行平稳，交易规模适度，投资者参与有序。

表 2.5　2 年期国债期货合约表

合约标的	面值为 200 万元人民币、票面利率为 3% 的名义中短期国债	每日价格最大波动限制	上一交易日结算价的 ±0.5%
可交割国债	发行期限不高于 5 年，合约到期月份首日剩余期限为 1.5 ~ 2.25 年的记账式附息国债	最低交易保证金	合约价值的 0.5%
报价方式	百元净价报价	最后交易日	合约到期月份的第二个星期五
最小变动价位	0.005 元	最后交割日	最后交易日后的第三个交易日
合约月份	最近的三个季月（3 月、6 月、9 月、12 月中的最近三个月循环）	交割方式	实物交割
交易时间	9：15—11：30，13：00—15：15	交易代码	TS
最后交易日交易时间	9：15—11：30	上市交易所	中国金融期货交易所

资料来源：中国金融期货交易所 http：//www.cffex.com.cn。

国债期货市场后续发展思路为：一是积极推进商业银行和保险公司参与国债期货市场，进一步优化交易者结构，促进国债期货功能更好发挥；二是加快研究推出国债期权、30年期国债期货等新产品，完善产品体系；三是推动国债期货对境外投资者开放，改善我国债券市场国际化的软环境；四是完善国债期货交易机制，降低交易成本，增加抵押品种类，提高风险管理效率。总之，中金所将进一步加快改革创新步伐，不断提升场内金融衍生品市场影响力，推动期货市场更好服务经济社会发展。

（二）股指期货

在沪深300股指期货上市五周年之际，我国金融期货衍生品市场体系建设又迈出了重要一步——上证50和中证500股指期货于2015年4月16日在中国金融期货交易所挂牌上市。作为两大重量级品种，上证50和中证500股指期货的推出使股指期货产品线逐渐丰富，为投资者、做市商等金融市场参与者提供了更为丰富的投资手段和风险管理工具。

上证50指数包含上海证券交易所中规模大、流动性好、最具代表性的50只股票，成分股是由上证180样本空间中，根据总市值、成交金额对股票进行综合排名所得的前50只股票构成，其目标是建立一个成交活跃、规模较大、主要作为衍生金融工具基础的投资指数。中证500指数成分股是扣除沪深300指数样本股及最近一年日均总市值排名前300名的股票，剩余股票按照最近一年（新股上市以来）日均成交金额由高到低排名，剔除排名后20%的股票，然后将剩余股票按日均总市值由高到低排名，选取排名在前500名的股票作为中证500指数样本股。中证500指数综合反映沪深证券市场内小市值公司的整体状况。

上证50囊括A股在上交所挂牌的50家巨无霸公司，其公司完全是沪深300的子集。而中证500的500家公司则与沪深300完全不同，其市值规模偏小(35亿~550亿元)，中位数市值129亿元更是不及沪深300的最小市值158亿元。也就是中证500中有近300家公司的市值规模都比沪深300要小。

上证50股指期货是以上证50指数作为标的物的期货品种，买卖双方交易的是一定期限后的股市指数价格水平，通过现金结算差价来进行交割。上证50股指期货合约的标的为上海证券交易所编制和发布的上证50指数，交易代码为IH。上证50股指期货交易采用集合竞价和连续竞价两种交易方式。集合竞价时间为每个交易日9：10—9：15，其中9：10—9：14为指令申报时间，9：14—9：15为指令撮合时间。连续竞价时间为每个交易日9：15—11：30（第一节）和13：00—15：15（第二节），最后交易日连续竞价时间为9：15—11：30（第一节）和13：00—15：00（第二节）。

中证500股指期货合约标的为中证指数有限公司编制和发布的中证500指

数，交易代码为 IC。中证 500 股指期货合约的合约乘数为每点人民币 200 元。合约价值为股指期货指数点乘以合约乘数。合约以指数点报价，合约的最小变动价位为 0.2 点指数点，交易报价指数点为 0.2 点的整数倍。中证 500 股指合约每日涨跌幅度为上一交易日结算价的 ±10%。合约到期交割方式为现金交割。合约最后交易日为合约到期月份第三个周五，遇法定节假日顺延。合约最后交割日同最后交易日。

上证 50 股指期货、沪深 300 股指期货、中证 500 股指期货三个品种的区别为：一是标的物不同，沪深 300 股指期货标的物是沪深 300 指数（代表了沪深两市总体个股走势），上证 50 股指期货标的物是上证 50 指数（代表权重股），中证 500 股指期货标的物是中证 500 指数（代表成分股）。二是合约乘数不同，沪深 300 和上证 50 股指期货乘数是 300 元人民币，中证 500 股指期货乘数是 200 元人民币。三是上市时间不同，沪深 300 股指期货 2010 年 4 月 16 日上市，中证 500 和上证 50 股指期货 2015 年 4 月 16 日上市。四是三者的作用不同：上证 50 综合反映上海证券市场最具市场影响力的一批龙头企业的整体状况；中证 500 综合反映中国 A 股市场中一批中小市值公司的股票价格；沪深 300 指数由 A 股中规模大、流动性好的最具代表性的 300 只龙头企业组成，以 8% 的股票只数，占据了 A 股约 60% 的总市值，具有良好的市场代表性。成分股基本覆盖了我国证券市场主要行业，综合反映沪深 A 股市场的整体表现，更有利于满足投资者的风险管理需求。五是行业分布不同：上证 50 指数成分股集中于金融板块，非银金融和银行股占上证 50 的权重合计超过 65%；沪深 300 指数成分股主要集中于金融、制造业等周期性股票，其中金融板块的权重最大，为 36%；中证 500 指数成分股的行业分布较为均匀，没有单一行业权重超过 10% 的情况。权重最大的两个行业分别为医药生物（9.17%）和房地产（8.89%）。简言之，行业分散程度排序为：中证 500 > 沪深 300 > 上证 50。六是市值分布不同：上证 50 成分股为超大市值股票，平均市值超过 1000 亿元；沪深 300 指数成分股主要为中大市值股票；中证 500 指数成分股市值分布的核心区间为 100 亿 ~ 300 亿元，主要为中等市值股票。简言之，平均市值排序如下：上证 50 > 沪深 300 > 中证 500。七是抗操纵性不同。指数抗操纵性可用冲击成本指标来衡量，主要受到市场规模、成分股集中度等因素影响。经过测算，指数抗操纵性排序为：沪深 300 股指期货 > 中证 500 股指期货 > 上证 50 股指期货。

沪深 300 股指期货起航，拉开了中国金融期货时代的序幕。上证 50 股指期货、中证 500 股指期货上市，逐渐完善产品线，为投资者提供了更多的风险管理工具，不仅可满足客户精确定价、灵活避险的需求，还能有效增加市场流动性，降低交易成本，有利于改善资本市场投融资功能。但投资者也需充分认识和警惕股指期货作为金融衍生品的投资风险，量力而行，理性参与。

三、期权类创新产品

（一）个股期权

境内外实践经验和相关理论研究均表明，股票期权可发挥平衡现货市场供需、维护市场稳定等多方面积极作用。从国际经验看，美国市场的500多只ETF和近3000只个股均为股票期权标的，其聚集效应和对现货市场的促进作用十分显著。

2015年2月9日，我国首个场内期权产品——上证50ETF期权正式上市交易，实现了场内股票期权“零”的突破。上证50ETF期权上线5年来，运行平稳，定价合理，风控措施有效，投资者参与理性，交易和持仓规模稳步增长，市场功能逐步发挥，为投资者提供了新的风险管理工具，受到了市场的广泛认可，同时也增大了上证50ETF标的证券的流动性与规模，已成为我国投资者管理现货市场波动的有力工具及金融市场的重要组成部分。50ETF期权就是在买方支付了一定额度的权利金后，获得了在未来某个特定时间，以某个特定价格买入或卖出指数基金的权利。到期后买方可以选择行使该权利，获得差价收益；也可以选择不行使该权利，损失权利金。

相比期货投资，期权投资既可以像期货一样做多、做空，又能合成期货组合形成多种策略，并能以更小成本达到资产管理目的，是金融市场重要的衍生品工具。增加股票期权标的是当前我国资本市场发展的内在需求，对于股票市场和期权市场长期持续健康发展意义重大。第一，期权新品种的推出，丰富了投资者的风险管理工具，有助于增强保险机构等长期资金的持股信心，吸引长期资金入市；第二，有助于活跃现货市场，提高标的市场流动性；第三，有助于促进衍生品市场发展，丰富多层次资本市场体系；第四，有助于提高我国资本市场国际化水平，成为确保进一步对外开放取得良好效果的重要配套措施。

2019年11月8日，证监会宣布正式启动扩大股票股指期权试点，批准沪深证券交易所上市沪深300ETF期权，中金所上市沪深300股指期权。随后，沪深交易所完成业务规则发布、全网技术系统测试、做市商招募、投资者开户等工作，2019年12月23日，三大交易所集体迎来期权新产品。经中国证监会批准，上海证券交易所、深圳证券交易所上市沪深300ETF期权合约，中国金融期货交易所上市沪深300股指期权合约。对于中国资本市场而言，同时迎来三只产品意义重大，这既是近5年来场内股票期权首次增加标的，也是深市迎来第一只股票期权产品，同时，也意味着股指期权在国内正式破冰。

上交所新增的沪深300ETF期权，标的为华泰柏瑞沪深300ETF（代码510300）；深交所新上市交易的沪深300ETF期权，标的为嘉实沪深300ETF（代码159919），这意味着我国股票期权市场进入多标的运行的新阶段，标志着内容齐备、体系健全、层次清晰的股票期权制度体系已经形成。作为落实全面深化资本市场改革的重要举措，股票期权市场扩容对增强资本市场活力与韧性具有重要意义。

上证 50ETF 期权和沪深 300ETF 期权有何异同？

首先两者均为股票型期权，都与大盘走势息息相关，走向基本一致，同涨或同跌。不过沪深 300 指数的市值覆盖率高，包含上证 50 大部分指数，因此两者有重叠的部分；并且两者都是半年调整一次成分股，每次调整数量一般不超过 10%，样本股调整实施时间分别为每年 6 月和 12 月的第二个星期五的下一交易日。如果有特殊事件发生，两者也会对样本股进行临时的调整。当样本股暂停上市、退市、表现差时，将其从指数样本中剔除，同时从“备选名单”（数量为 5%，如沪深 300 有 15 只备选样本股）中按照排名选择优质企业加入指数成分股中，因此净化能力也都比较强。

其次，同属于期权类工具，其权利金的变化受到多方面因素的影响，如标的涨跌、时间、波动率、行权价、无风险利率和股息率等方面。其中，标的指数涨跌、时间、波动率三大因素对期权价格的影响至关重要。

最后，沪深 300ETF 期权与上证 50ETF 期权的盈利方式相同，均为到期行权和权利金交易两种。300ETF 与 50ETF 认购期权的买方可以在行权日按行权价格买入华泰柏瑞/嘉实 300ETF 基金或者华夏上证 50ETF 基金；而 300ETF 与 50ETF 认沽期权的买方则可以在行权日按行权价格卖出华泰柏瑞/嘉实 300ETF 基金或者华夏上证 50ETF 基金，从而获得标的资产买卖差价利润。作为期权的买方，在支付一定期权费后买入认购期权或认沽期权，所付出的权利金会随着标的有利的方向上涨，也会随着不利方向下降。赚取权利金差价利润也成了大部分期权投资者的主要投机目的。

而两者不同的地方主要在于沪深 300 指数包含上证 50 指数所不包含的深圳优质股票，范围更广。囊括的优质企业更多，因此走势更稳定，涨跌幅度均小于上证 50；而且两者成分股的行业比重也是有区别的，上证 50 偏能源型行业，沪深 300 则更平衡一些。此外，尽管沪深 300ETF 期权与上证 50ETF 期权基本合约要素相同，都包括合约单位、最小报价单位、合约月份、到期日、行权方式等。但二者行权价格间距有所区别：上证 50ETF 期权合约行权价格 <3.0，行权价格间距为 0.05 元；行权价格 >3.0，行权价格间距为 0.1 元。而 300ETF 期权合约行权价格 <4.5，行权价格间距为 0.05 元；行权价格 >4.5，行权价格间距为 0.1 元。

从上面分析来看，如果投资者比较保守，想要获取市场平均收益，建议选择沪深 300ETF；而如果更看重金融地产的前景，想追求更高一点的收益，建议选择上证 50 指数。但投资二者都有潜在风险，均须做好资金和仓位管理、适时止盈止损，始终将风险控制摆在首位。

（二）股指期权

股指期权是国际资本市场常见的交易品种。从全球范围看，当前期权产品年成交量超过100亿张，其中股指期权约占全部期权成交量的2/5。股指期权在全球金融市场上的需求和交易规模很大，与期货产品平分秋色。目前，全球已有20多个国家和地区的40家交易所相继推出了股指期权产品，涵盖了全球主要成熟市场和新兴市场，股指期权在全球金融市场中占据着重要地位。股指期货可以发现股票的远期价格，而股指期权则可管理股票的波动，是股票现货的进一步保险。通常，股民买卖股票是逢低买入、逢高抛出，靠股票的价格上涨盈利，现在有了股指期权，也可以不卖股票，通过管理指数波动来保障股票收益，因此，股票现货市场的抛售会有所减弱。

股指期权的推出不仅有利于投资者利用期权锁定下跌风险，同时还能保留享受未来市场上涨带来的获利机会。各类专业投资者可以由原先单一性、趋势性的投资向多样性、策略性投资转型，利用股票现货、股指期货和股指期权等衍生工具的组合，进一步增强收益、降低风险，平滑收益曲线，减少市场周期对业绩的扰动。

中金所在历时9年研发，实施了大量的投资者教育，并对期货公司进行了一系列的技术改造和培训后，中国证监会批准上市沪深300股指期权。从此，中国资本市场有了股票现货、股指期货、股票期权、股指期权，形成了中国资本市场立体的产品结构和内在稳定器，有利于吸引更大资本进入股票市场，中国资本市场进入了全新的期权时代。

股指期权合约是以股票指数为标的物的期权合约。从合约细节来看，沪深300股指期权合约的标的指数为中证指数有限公司编制和发布的沪深300指数，交易代码为IO，合约类型为看涨期权、看跌期权，合约权利金报价单位为指数点，最小变动单位0.2点，合约乘数为每点100元人民币，每日价格最大波动限制为上一交易日沪深300指数收盘价的±10%，合约月份为当月、下两个月及随后3个季月，行权方式为欧式，到期时采用现金交割方式。交易时间为9：30—11：30、13：00—15：00，最后交易日为合约到期月份的第三个星期五，遇国家法定假日顺延。

在沪深300股指期权上市之前，投资者只能通过股指期货套期保值，沪深300股指期权上市后提供了更多灵活组合的可能性，可让投资者更精准下达指令，降低交易成本，扩大收益。沪深300股指期权的上市为投资者提供了更多套利策略的交易机会，特别是与股指期货组合形成无风险套利机会。沪深300指数本身是无法交易的，而股指期货、股指期权给市场提供了买卖指数的机会。由于期权非线性收益特点，通过买卖股指期权可以合成标的。假如运用沪深300股指期权模拟合成的指数价格与股指期货价格出现了较大的偏差，就可以通过低买高卖组合来实现套利收益。

随着期权产品扩容，沪深300指数将形成从股票、ETF基金、股指期货到ETF期权、股指期权的一套完整的投资和风险管理产品体系，促进市场生成丰富的对冲组合和交易策略，给不同类型投资者带来更多的收益来源，为期货市场注入活力。随着我国金融市场国际化进程不断加快，未来中国资本市场将会迎来更多的境外机构投资者，股指期权的及时上市将有效满足新的市场需求，也可为今后更多指数、特定金融产品的开发提供有效的风险管理工具，将进一步扩大我国资本市场规模、提升在国际市场的影响力。

第三章　IPO 审核制度改革
——注册制专题

IPO（initial public offering，IPO）是首次公开募股的简称，是指企业通过证券交易所首次公开向投资者发行股票，以期募集用于企业发展资金的过程。股票公开发行形成证券市场源头，其不仅影响发行人的融资利益，还与社会大众投资者的投资收益息息相关。因此，各国政府均对股票公开发行实施监管，并且作为证券监管制度的基础和核心，IPO 发行审核制度设置合理与否将直接影响交易市场的发展和稳定。

股票发行审核制度，是指为保护投资人权益，证券监管机构依据证券法的相关规定，对股票发行进行审查，决定是否同意发行人发行股票的一种法律制度。它对投资者利益的保护和金融资源优化配置有着重要的影响，是整个资本市场制度建设中最重要的环节之一。由于每个国家的经济体制和证券监管体制不同，因而股票发行审核的制度也有所不同。世界各国新股发行审核制度主要分为三种：审批制、核准制和注册制，每一种发行制度均与一定的市场发展状况、经济体制以及所遵循的经济思想相对应。其中，审批制是完全计划发行的模式，核准制是从审批制向注册制过渡的中间形式，注册制则是目前成熟资本市场普遍采用的发行体制。

从额度管理到指标管理，从通道制到保荐制，从核准制到注册制，中国在股票发行审核制度、定价制度、发行方式等方面进行了不懈的探索和改革。我国的 IPO 审核制度已经历了由审批制到核准制的演变，目前仍处于核准制监管阶段。但在经济全球化、金融自由化、资本市场全面开放的大背景下，注册制更能体现股票市场自身要求的公开、公平、公正和效率的基本原则。伴随着中国资本市场的日益成熟和功能完善，注册制无疑是未来改革方向。

第一节　我国 IPO 发行审核制度的历史变迁

一、IPO 发行审批制

审批制是一国在股票市场发展的初期，为了维护上市公司的稳定和平衡复杂的社会经济关系，采用行政和计划的办法分配股票发行的指标和额度，由地方或行业主管部门根据指标推荐企业发行股票的一种发行制度。在股市发展初期，审批制反映了当时中国股市的人文精神，很大程度上起到了呵护市场和保护投资者的作用，通过筹集资金，推动了当时的国有企业改革，促进了社会经济发展。但随着市场形势的变化，审批制的资源配置效率低下、市场建设极度缓慢等诸多缺陷逐步显现，进而伴随着《中华人民共和国证券法》（以下简称《证券法》）的实施，被市场化程度较高的核准制所取代。

制度安排具有“路径依赖”的特点，即初始条件对新制度的形成具有重要影响。同样地，我国股票发行审批制的形成也有其深刻的制度背景。在资本市场建立之初，股票发行是一项试点性工作，哪些公司可以发行股票是一个非常敏感的问题，需要有一个通盘考虑和整体计划，也需要由政府对企业加以初步遴选。一是可以对企业有个基本把握；二是为了循序渐进培育市场，平衡复杂的社会关系。审批制起到了控制股票市场发行节奏的作用，让市场可以以一个相对稳定的速度发展。尽管 20 世纪 80 年代初就有了股份制的萌芽，1990 年沪深交易所也相继成立，但直到 1992 年仍有“姓社姓资”的争论，该年股票发行的试点工作由上海、深圳推广到全国，作为试点，需要实行指标额度管理，在此情况下只能采用计划色彩浓厚的审批制。

自 1990 年 12 月 19 日上海证券交易所开业至 2001 年 3 月 17 日，新股发行的审批制在中国股票市场的历史舞台上存在了 10 年之久。1993 年 4 月 25 日，国务院颁布《股票发行与交易管理暂行条例》，标志着审批制的正式确立。审批制采用对股票发行规模和发行公司数量双重控制的办法，分别经历了“总量控制，划分额度”和“总量控制，限报家数”两个阶段，对证券发行实行管制。1999 年 7 月 1 日《证券法》的实施以及一系列文件的相继出台，构建了股票发行核准制的基本框架。2000 年 3 月 16 日，《中国证监会股票发行核准程序》发布，标志着核准制正式实施。2001 年 3 月 17 日，证监会正式宣布取消股票发行审批制，审批制黯然退市，股票发行核准制应运而生。

二、IPO 发行核准制

由于审批制明显阻碍了资本市场规范发展，因此，1999 年颁布的《证券法》对发行监管制度作了改革，其中第十五条明确规定：“国务院证券管理机构依照法定条件负责核准股票发行申请。”

从审批制到核准制的转变，体现了中国证券市场发展的内在要求，反映了证券监管思路的变化，表明中国的证券市场监管逐步摆脱计划经济思维方式的束缚。核准制取代审批制，适应了证券市场的发展规律，一家企业能否上市，已经不再取决于这家公司能否从地方政府手中拿到计划和指标，取而代之的是企业自身的质量。与审批制相比，核准制增加了承销商的责任，转向强制性信息披露和合规性审核，发挥发行审核委员会的独立审核功能。

所谓核准制，是指证券监管部门根据法律法规规定的股票发行条件，对按市场原则推选的公司的发行资格进行审核，并做出核准与否决定的制度。发行人在准备发行新股前，必须按照《股票上市发行核准程序》等规定向证券监管机构申报提交各种相关证明文件，经监管机构发行审核委员会审核确定其具备了法律规定的实质条件后，准予其公开发行股票，同时否决不符合条件的发行申请，不再存在额度的限制。

与之前的审批制相比，新的核准制的最大特点是企业可以根据自己的需要提出股票发行的申请，由券商进行尽职调查后推荐，最后由证监会对强制性信息披露进行核准，强调各参与机构各司其职、各负其责。具体表现为：

（1）在选择和推荐企业方面，由主承销商培育、选择和推荐企业，增加了主承销商的法律责任。

（2）在企业发行股票的规模上，由企业根据资本运营的需要进行选择，以适应企业按市场规律持续成长的需要。

（3）在发行审核上，将逐步转向强制性信息披露和合规性审核，发挥股票发行审核委员会的独立审核功能。

（4）在股票发行定价上，由发行人和主承销商协商，并充分反映投资者的需求，使发行定价真正反映公司股票的内在价值和投资风险。

（5）在股票发行方式上，提倡和鼓励发行人和主承销商进行自主选择和创新，努力建立最大限度地利用各种优势、由证券发行人和承销商各担风险的机制。

核准制经历了前期的通道制和后期的保荐制两个阶段。由表 3.1 可以看出，与通道制不同，保荐人制度，是指证券发行人申请其证券发行、上市交易，必须聘请依法取得保荐资格的保荐人为其出具保荐意见，确认其证券符合发行、上市交易条件的制度。具体而言，由保荐人负责发行人的上市推荐和辅导，核实公司发行文件和上市文件的真实性、准确性和完整性，协助发行人建立严格的信息披露制度，并承担风险防范责任，并在公司上市后的规定时间内继续协助发行人建立规范的法人治理结构，督促公司遵守上市规定，完成招股计划书中的承诺，同时对上市公司的信息披露负有连带责任。保荐制下，企业发行上市不但要有保荐机构进行保荐，还需要具有保荐代表人资格的从业人员具体负责保荐工作。保荐工作分为两个阶段，即尽职推荐和持续督导阶段。

表 3.1 保荐制与通道制对比

对比内容	通道制	保荐制
推荐上市方式	券商通道数决定推荐数量	由保荐机构和保荐人推荐
上市公司质量	券商以规模为参考依据，质量较差	保荐人和保荐机构负责制，质量较高
上市后督导	无要求	保荐人和保荐机构上市后持续督导

资料来源：平安证券研究所。

保荐制实施以来，取得了长足发展。保荐制使证券公司的内控制度逐步建立和完善，风险和责任意识逐步增强，保荐代表人队伍不断壮大，素质不断提高，保荐业务也成为许多证券公司的重要盈利来源。与此同时，证监会对保荐机构的管理也日趋严格，逐渐加大了对违规保荐机构及保荐代表人采取监管措施的力度。然而，保荐人制度作为我国股票发行制度由通道制向注册制过渡的一项阶段性措施，在实施过程中不可避免地会出现一些未预料到的具体问题。

首先，发行上市是一个由发行人、券商、律师事务所、会计师事务所等多个中介机构共同操作的系统工程，其中的法律文件、财务报表、资产评估报告等文件的真实性、完整性和准确性分别由相应的机构承担法律责任，券商作为项目的总负责人、召集人和协调人，有组织、协调发行工作团队的义务，但不可能包揽律师、审计机构、评估机构等专业机构的职责，发行人、会计师、律师、评估师并不对保荐人负责，保荐人对他们并没有法律上的约束力。即使券商作为保荐人尽职尽责了，也无法保证其他中介机构工作的真实性和客观性。加上审计和法律事务需要经验丰富的专业人士才能胜任，保荐人不可能不计成本地去复核其他中介机构为发行人出具的专业报告，只能在职责和能力许可的范围内控制风险。因此，保荐人不可能替代其他中介机构履行应尽的诚信义务。

其次，保荐人与发行公司之间始终存在着明显的信息不对称。如果发行公司刻意隐瞒真实情况，弄虚作假，保荐人往往很难发现问题。在保荐人发行上市推荐和持续督导的过程中，上市公司及其股东、投资者均可能将其应承担的责任转嫁给保荐人，存在“道德风险”。

再次，市场中每一个独立的经济人均有着趋利避害的本性，保荐人自然也无法超越追逐经济利益的局限性，加之责任追究机制缺失，进而导致其诚信意识不强。

最后，保荐人职责过于繁重，任务过多反而影响了自身在证券发行和承销阶段的专业努力。因此，保荐人制度只是完善我国证券发行制度的手段和步骤之一，并非一剂万能良药。若要全面提高上市公司质量，保障广大投资者的利益，还必须从优化发行机制——进一步探索更加市场化的注册制，并且完善各项配套措施，加强对相关主体的监管，加大违规处罚力度等方面同时着手，才能取得较为理想的效果。

第二节　未来改革方向——IPO 注册制

核准制的实施提高了中国证券市场的市场化程度，许多民营企业、外资企业均可经过股份制改造，按条件申请公开发行股票，扩大了发行人的范围，遵循了市场主体地位平等、机会均等的原则；管理层可依据国家的产业政策对通过发行证券进行融资实行产业倾斜，实现国家对经济的宏观调控，这些均在一定程度上促进了中国证券市场的健康发展。然而，核准制审核周期较长，通常需要花费 2～3 年时间，即使最终上市也会丧失一些市场机遇，发行审核效率相对较低，且容易产生寻租现象，使投资者对监管机构产生依赖心理，从而削弱了投资者本身的独立判断能力。而注册制体现的价值观念更加强调市场经济的自由性、主体活动的自主性和政府管理经济的规范性与效率性。它可以减少对政府的依赖，抑制腐败滋生，简化审核程序，提高工作效率，进而促进证券市场健康规范发展。

一、注册制的实质内涵

注册制（registration system），又称“申报制”、“登记制”或“公开原则”（full disclosure philosophy），是指证券发行申请人按照法定程序公开披露与证券发行相关的全部信息和资料，并将其制成法律文件，送交证券监管机构进行全面性、准确性、真实性和及时性及发行人是否具备法定的发行基本条件等形式审查，对未提出补充或修订意见或未阻止注册生效者予以注册，发行人即可公开发行证券的审核制度。

由上述定义和表 3.2 可见，与核准制不同，注册制的核心是信息披露，精髓和根基是公开原则。作为市场约束基础和透明度保障，监管机构须对所有拟上市公司发布的信息，包括招股说明书、公司章程、经审计的财务报表等在内的 IPO 涉及的一切有价值材料进行常态化、制度化的严格审核，以确保信息充分公开，并禁止虚假与错误陈述、重大遗漏及信息滥用行为。证券监管机构对于诸如发行人资质、所发行证券投资价值等实质问题不予评判，而交由投资者依据市场公开信息进行自主决断，买者自负。

表 3.2　注册制与核准制的比较

比较因素	发行制度	
	注册制	核准制
立法理念	披露哲学	优劣哲学
发行审核	形式审核	实质审核
审核原则	公开披露	准则主义
实质判断主体	中介机构	中介机构、监管机构
监管重点	事后控制	事前与事后并举
交易所上市审查	较严格	较宽松
市场化程度	较高	较低
发行效率	较高	较低
发行人成本	较低	较高
投资者角色	自主抉择	判断依赖
典型国家	美国、日本	英国、中国

资料来源：根据相关文献整理。

具体而言，二者区别主要有以下几点：

（1）从审核的内容来看，注册制比较宽松，证券主管机构只对发行人进行形式审查，即只对发行人申请注册材料进行全面审查，但不对投资价值作出判断，只要求提供的信息必须真实、准确、完整；核准制不仅要对发行人申请注册的材料进行形式审查，而且还要对发行人进行严格的实质性审查，对发行人投资价值的判断是核准制审核的重点。

（2）从审核工作量来看，由于注册制体现的是公开原则，而核准制体现的是实质管理原则，因而注册制审核的内容较核准制少、程序简单，证券主管机构仅为投资者提供一个信息公开、平等竞争、自主抉择的客观真实、自由竞争的市场环境，减少了管理机构的工作量，进而证券主管机关的工作效率较高；核准制的实质性管理原则，需要对发行的股票进行细致的审查与核准，工作量大大增加，势必会降低管理机构的工作效率。

（3）从发行人市场进入来看，注册制下，发行人只要提供了符合要求的申请资料即可进行股票发行，但获准发行后，股票能否发行成功须经投资者的严格挑选，因而在这一环节对发行人要求很高，甚至存在发行失败的风险；核准制下，发行人申请发行股票能否获得批准，完全须由审核机构最终确认。但只要被批准发行后，发行人发行股票一般都会成功，因而对发行人来讲，缺乏后续提高其竞争力的激励机制。

（4）对投资者而言，注册制对投资者的要求较高。发行人的投资价值完全由投资者自行判断，股票发行成功与否完全取决于投资者的选择决定，因而较高的投资者素质是注册制实施的基本条件。核准制下，由于事先有管理机构对发行人的申请进行实质性核准，容易使投资者产生依赖心理，误认为政府已对发行人所申请发行的股票的安全性和收益性做出了保证，这不利于培养投资者成熟的投资心理和提高其投资技能。

二、注册制实施进程

2015 年 12 月 9 日，国务院召开常务会议，通过了提请全国人大常委会授权国务院在实施股票发行注册制改革中调整适用《中华人民共和国证券法》有关规定的决定草案。草案明确，在决定施行之日起两年内，授权对拟在上海证券交易所、深圳证券交易所上市交易的股票公开发行实行注册制度，表明 A 股市场向注册制迈进了一大步。2015 年 12 月 27 日，十二届全国人大常委会第十八次会议在北京表决，通过了关于授权国务院在实施股票发行注册制改革中调整适用《中华人民共和国证券法》有关规定的决定。该决定的实施期限为两年，决定自 2016 年 3 月 1 日起施行。全国人大做出的授权决定，为启动注册制改革的技术准备工作提供了法律依据。证监会将按程序研究制定专门的部门规章、信息披露准则和规范性文件，系统构建注册制的规则体系。一旦 A 股市场进入一段相对较长的稳定期或回升期，二级市场交投活跃，投资者情绪转为乐观，注册制的推进将会加快。

2018 年 11 月 5 日，国家主席习近平出席首届中国国际进口博览会开幕式并发表主旨演讲，宣布在上海证券交易所设立科创板并试点注册制。同日，上海证券交易所表示将认真落实习近平总书记指示，在中国证监会的指导下，积极研究制订科创板和注册制试点方案，向市场征求意见并履行报批程序后实施。

2019 年 1 月 23 日，中共中央总书记、国家主席、中央军委主席、中央全面深化改革委员会主任习近平主持召开中央全面深化改革委员会第六次会议并发表重要讲话，会议审议通过了《在上海证券交易所设立科创板并试点注册制总体实施方案》《关于在上海证券交易所设立科创板并试点注册制的实施意见》。

2019 年 1 月 30 日，中国证监会就《科创板上市公司持续监管办法（试行）》和《科创板首次公开发行股票注册管理办法（试行）》公开征求意见；同日，上海证券交易所就设立科创板并试点注册制相关配套业务规则公开征求意见。

2019 年 2 月 20～21 日，证监会主席易会满围绕设立科创板并试点注册制有关问题，带队赴上海听取市场机构对相关制度规则的意见建议，并调研督导上海证券交易所相关改革准备工作。

2019 年 3 月 1 日，中国证券监督管理委员会主席易会满分别签署第 153 号令《科创板首次公开发行股票注册管理办法（试行）》和第 154 号令《科创板上市公司持续监管办法（试行）》，这两个办法已经于 2019 年 3 月 1 日中国证券监督管理委员会第 1 次主席办公会议审议通过，并自公布之日起施行。

2019 年 3 月 4 日，《上海证券交易所科创板股票发行上市审核问答》正式发布，科创板配套规则进一步明晰。2019 年 3 月 15 日，上交所正式发布《保荐人通过上海证券交易所科创板股票发行上市审核系统办理业务指南》与《科创板创新试点红筹企业财务报告信息披露指引》。2019 年 4 月，第一届科创板股票上市委员会成立大会在上交所交易大厅举行。按照设立科创板并试点注册制总体工作部署以及《科创板首次公开发行股票注册管理办法（试行）》《上海证券交易所科创板股票上市委员会管理办法》，经相关程序，上交所设立了科创板股票上市委员会。2019 年 6 月 21 日，最高人民法院发布《最高人民法院关于为设立科创板并试点注册制改革提供司法保障的若干意见》，从依法保障以市场机制为主导的股票发行制度改革顺利推进、依法提高资本市场违法违规成本、建立健全与注册制改革相适应的证券民事诉讼制度等方面提出了 17 条举措。

科创板试点注册制，合理制定科创板股票发行条件和更加全面深入精准的信息披露规则体系。上交所负责科创板发行上市审核，中国证监会负责科创板股票发行注册；中国证监会将加强对上交所审核工作的监督，并强化新股发行上市事前事中事后全过程监管。为做好科创板试点注册制工作，需在五个方面完善资本市场基础制度：一是构建科创板股票市场化发行承销机制；二是进一步强化信息披露监管；三是基于科创板上市公司特点和投资者适当性要求，建立更加市场化的交易机制；四是建立更加高效的并购重组机制；五是严格实施退市制度。此外，还要加强科创板上市公司持续监管，进一步压实中介机构责任，严厉打击欺诈发行、虚假陈述等违法行为，保护投资者合法权益。为此，证监会将加强行政执法与司法的衔接；推动完善相关法律制度和司法解释，建立健全证券支持诉讼示范判决机制；根据试点情况，探索完善与注册制相适应的证券民事诉讼法律制度。

2019 年 12 月 28 日上午，第十三届全国人大常委会第十五次会议全体会议审议通过了新修订的《中华人民共和国证券法》（以下简称《证券法》）。修订后的证券法（以下称作新《证券法》）于 2020 年 3 月 1 日起施行。新《证券法》最大的亮点是明确了要全面推行注册制，取消发行审核委员会制度，对于证券发行注册制进行了比较系统完备的规定，包括精简优化证券发行条件，调整证券发行程序，强化证券发行信息披露等。新《证券法》首次赋予 IPO 注册制合法地位，为全面推进以注册制为龙头的资本市场改革提供了坚强的法制保障。在总结上海证券交易所设立科创板并试点注册制的经验基础上，新《证券法》贯彻落实党的十八届三中全会关于注册制改革的有关要求和十九届四中全会完善资本市场基础制度要求，按照全面推行注册制的基本定位，对证券发行制度做了系统的修改完善。

不过，全面推行注册制尚需时日，而证券发行注册制的具体范围、实施步骤由国务院规定，这为实践中注册制的分步实施留出了制度空间。预计创业板尤其是主板（中小板）实施注册制尚需一定的时间，新《证券法》施行后，这些板块仍将在一段时间内继续实施核准制，核准制和注册制并行与新《证券法》的相关规定并不矛盾。

三、注册制实施后的影响

（一）对宏观经济的影响

1. 由货币时代迈入资本时代

中国未来的改革方向将由以货币信贷为基础的金融体系转向以资本市场为基础的金融体系，资源分配将由以信贷为基础、关键价格受到政府管制变为以金融市场为基础、由市场竞争决定价格，经济增长模式也随之由信贷扩展支撑的高速增长转向多元化的资本市场孵化的创业时代的繁荣。

2. 社会融资结构改变

以银行信贷为主的间接融资比重将下降，而以股权债权融资为主的直接融资在社会融资中的规模将大幅度提高。注册制不仅仅是股票发行制度，也将推及企业债券市场，公司债券注册制和各种资产证券化产品备案制也将接踵而至，进而推动整个资本市场的迅速发展。

3. 注册制将降低企业的负债比率，释放中小企业的增长活力

新型企业在创立初期，如果选择股权融资将降低企业的财务负担，节约宝贵的现金流，助力其成长壮大。而注册制赋予每个企业天然发行股票来募集资金的权力，其实施将降低中小企业上市的盈利门槛，为其带来更多的股权融资机会，降低资产负债比例，缓解制约中小企业，尤其是高新技术公司发展的融资难困局。

（二）对资本市场的影响

作为中国资本市场的一项根本性制度创新，注册制将提升资本市场在整个国民经济发展中所扮演的角色定位，形成其发展史上的重大转折。

1. 提升中国资本市场的效率和竞争力

首先，注册制改革将对企业发行上市的注册条件、注册机关、注册程序、审核要求做出相应调整，加快上市审核步伐，企业上市效率将得到大幅提升。其次，注册制可降低发行上市门槛，吸引那些已经选择或拟选择海外上市的优质公司回归 A 股，进而提高中国资本市场的竞争力。

2. 回归理性投资

注册制背景下将有越来越多的企业进入资本市场，机构的存量资金不能顾及每一家企业，因此，IPO 打新市场将出现分化行情，即优质企业被争相认购、成长性不佳企业鲜有问津将成为大方向。此外，注册制改革的核心在于理顺政府与市场的关系，充分发挥市场在资源配置中的决定性作用，在融资方式、发行节奏、发行价格、发行方式等方面强化市场约束机制，并最终放开发行价格的控制，定价将更加市场化，新股上市后溢价水平也将出现回落，“打新”热潮将逐步降温。注册制改革将大幅降低企业上市融资的成本。同时，改革还将实施严格的退市制度，对欺诈发行和重大违法的上市公司实施强制退市。因此，上市公司资格不再像现在这样稀缺，ST 公司“壳资源”炒作也将退烧，投资者投资理念逐步实现理性回归。

3. 市场主体违规成本提高

注册制下宽进严管，监管层的监管重点将从前端的审批后移至事中事后环节，更多监管力量将放在稽查执法上，对违规违法行为的惩罚将更加严厉，违规违法者将付出更高代价。比如，以完全信息披露为核心的注册制在法律和法规层面将强化对虚假信息披露行为的惩戒；此外，与之相匹配的集体诉讼的法律框架下，在行政监管者退出之后，所有投资者都将成为监管者。如果一个投资者发现

公司存在虚假信息，或者存在侵犯投资者利益的行为，进而起诉后胜诉，那么所有的投资者都将获赔。这些无疑加大了市场主体的违规成本，从而可抑制造假行为。

4. 各市场主体归位尽责

由表3.3可以看出，注册制下，监管部门、发行人、中介机构和投资者等职责分工明晰，各市场主体均应对其行为负责。注册制将发行风险交给了主承销商，将合规要求的实现交给了中介机构，将信息披露真实性的实现交给了发行人，并要求各市场主体归位尽责，合力确保实现资本市场价格发现、融资、资源配置三大基本功能。

表3.3　注册制下各市场主体职责

市场主体	职责要求
监管机构	依法设定和核准股票发行及上市条件，统一注册审核规则；依法对发行和上市进行全程监管，严厉查处违法违规行为
发行人	是信息披露第一责任人，其言行必须与信息披露内容相一致
中介机构	与发行人一道对信息披露的真实性、准确性、完整性、充分性和及时性承担法律责任
投资者	自行判断发行人的盈利能力和投资价值，自担投资风险

资料来源：根据Finance. china. com. cn资料整理。

实行注册制后，由于国家将对上市发行的实质性审查任务交给了市场，其中对财务会计、税务等问题审核的责任交给了注册会计师，这样一来，注册会计师实际上承担了原来政府实质性审核部分的责任。实行注册制后，披露的要求从表面上看是发行人的责任，但实际上由于很多工作需要注册会计师协助发行人去做，即注册会计师将为发行人提供相关鉴证服务。因此，注册会计师一旦接受发行人的委托为其承担各项鉴证服务，则注册会计师将为此承担相应的鉴证责任，将面临很大的职业风险。

每一次的IPO制度改革，都将引发中介机构的重新洗牌，如2004年的保荐制、2009年的创业板推出等。无论是注册制还是核准制，只要企业需要中介机构保荐，投资银行、会计师事务所、律师事务所等职能就必不可少。注册制并不代表监管层不审理，相反，监管层会对上报企业的运作规范，如治理结构、独立性、财务等方面积极介入。不过，募集资金运用、持续盈利能力等将交由市场判断。因此，注册制下中介机构尽职调查的职能不会改变，但对企业的运作规范将更加关注。

5. 考验各市场主体的专业能力

在注册制下，上市企业将失去监管层层层审核把关的“监管背书”，投资者需要对发行人的资产质量、投资价值自主判断并承担风险，监管部门重点对发行人信息披露的齐备性、一致性和可理解性进行监督。这意味着，投资者需要自己睁大眼睛辨别企业的投资价值。承难销易时代结束，市场定价和自主配售考验券商包括发行定价、风险控制、市场销售等在内的综合专业能力，投行业务的通道竞争将变成专业能力的竞争。注册制下如果设立了简单高效的转板机制，主板市场的一家公司业绩下滑，即应逆转到中小板或新三板；反之，新三板的公司如果业绩提升也可转到中小板或主板。这样一种转板机制能鼓励资金，尤其是一些 PE 和风投，投向一个创业期的企业。因为上市很容易，上市以后转板也很容易，所以上市对这些投资者而言变得不是那么重要，关注点就转向被投资企业的业绩和成长性。因此，注册制后，股权投资基金对实体项目的介入时点前移，在企业发展初期就入股，并对其后续发展做出产品结构、增资扩股、引荐客户等提供意见，甚至做出决策。风险投资的专业性提高，投机性下降，不会一上市就选择退出，整个私募市场的收益率会更加市场化，并强化对创业和创新的促进作用。

四、注册制改革的目标与路径

作为中国证券市场的“供给侧”改革，从本质上看，IPO 注册制改革有两大主要目标：其一，通过解决供求关系失衡，抑制高发行价、高市盈率和高超募现象。现行核准制下，一些企业为顺利通过发审会，粉饰财务数据，对拟上市资产进行过度包装，导致估值偏离。由于政府控制发行规模和发行节奏，导致一级市场普遍存在“承难销易”现象，超额募资屡见不鲜。监管机构在证券发行中的主导作用使其成为上市新股的“隐性担保者”，投资者在政府机构的发行审核机制背书下，往往低估投资风险。在供不应求的情况下，上市企业和中介机构合谋出的高报价容易被市场接受。因此，注册制改革就是创造一个供求平衡的市场环境，抑制“三高”发行。其二，通过减少审批环节去行政化，提高发行效率，减少权力的寻租。发审制度使上市资格成为一种“稀缺资源”，上市意味着“获利”，股票发行审批中容易出现权力“寻租”现象。而注册制改革就是要实现监审分离，重新定位监管机构的职责。

因注册制改革的系统性与复杂性，其路径选择无疑将是渐进式而非休克式改革。我国台湾地区从 1983 年就开始实行核准制和注册制并行的制度，经过 23 年，到 2006 年以后才真正完成实行注册制。为了避免因注册制全面实施对境内资本市场的冲击，我国注册制改革也应选择从场外（主要为新三板）到场内，在总结上海科创板注册制试点经验基础上，从创业板到中小板，最终向主板市场推进的层次路径。

科创板注册制将在第五章多层次资本市场体系建设专题重点阐述，这里主要分析创业板注册制问题。

2020 年 4 月 27 日，中央全面深化改革委员会第十三次会议审议通过了包括《创业板改革并试点注册制总体实施方案》（简称《总体方案》）等在内的 6 大议案，创业板注册改革启动。同日，中国证监会和深交所相继发布《创业板首次公开发行股票注册管理办法（试行）》、《创业板上市公司证券发行注册管理办法（试行）》、《创业板上市公司持续监管办法（试行）》草案和《证券发行上市保荐业务管理办法》修订草案，公开征求意见，向市场传递了创业板改革并试点注册制的整体制度框架。

注册制下的创业板发行上市条件根据新《证券法》，制定了更加包容、更加多元的股票发行条件。其中，最大的变化是基于创业板的定位和创新创业企业的特点，优化了创业板首次公开发行股票（IPO）条件，对于一般企业的创业板注册上市的市值和财务指标要求分为 3 套，只需要符合其中的一项即可申请注册，或最近两年净利润均为正，且累计净利润不低于 5000 万元；或预计市值不低于 10 亿元，最近一年净利润为正且营业收入不低于 1 亿元；或预计市值不低于 50 亿元，且最近一年营业收入不低于 3 亿元。红筹企业只需满足“预计市值不低于 100 亿元，且最近一年净利润为正”或“预计市值不低于 50 亿元，最近一年净利润为正且营业收入不低于 5 亿元”其中至少一项就可以申请注册上市。而特殊股权结构企业同样是“预计市值不低于 100 亿元，且最近一年净利润为正”或“预计市值不低于 50 亿元，最近一年净利润为正且营业收入不低于 5 亿元”至少一项满足即可放行。

由此可见，创业板注册制对上市标准和财务要求进行了调整，使得创业板企业 IPO 门槛降低，允许红筹、特殊股权企业上市，为未盈利企业预留上市空间，有望解决目前高科技企业的融资难题，会吸引一批营收能力强的轻资产互联网企业上市，同时也可吸引部分优质中概股创业企业回归。

此外，证监会审核权将下放至交易所，企业 IPO 审核排队时间将由过去的一两年大大缩短为 3 个月以内，企业上市融资时间成本将大幅压缩。交易机制上，为完善市场价格形成机制，减少交易阻力，未来创业板股票日内的涨跌幅限制比例由 10% 提高到 20%，创业板新股上市前五天也不设涨跌幅限制，并设置价格稳定机制。方案明确对新开户投资者实行 10 万元资产加两年投资经验的投资者门槛，已开户投资者签署新的风险揭示书后，可以继续交易创业板股票。

在优化上市条件提升市场包容性的同时进一步健全了退市机制，对问题上市公司将精准从快出清。退市指标上，将净利润连续亏损指标调整为“扣除非经常性损益前后孰低的净利润为负且营业收入低于 1 亿元”的复合指标，新增“连续 20 个交易日市值低于 5 亿元”的交易类退市指标和“信息披露或者规范运作存在重大缺陷且未按期改正”的规范类退市指标等，财务类退市指标全面交叉适用，且退市触发年限统一为两年，加大“僵尸”企业和空壳公司的出清力度。退市流程将进一步简化，取消暂停上市和恢复上市环节，交易类退市不再设置退市整理期，提升退市效率，优化重大违法强制退市停牌安排，保障投资者交易权利。此外，还将强化风险警示，对财务类、规范类、重大违法类退市设置退市风险警示制度。

第三节　国际 IPO 注册制的比较与借鉴

体现政府规范与有效干预经济的注册制是以市场主导型的经济发达国家成熟资本市场普遍实施的证券发行审核制度。证券监管部门公布股票发行的必要条件，只要达到所公布条件要求的企业即可发行股票。发行人申请发行股票时，必须依法将公开的各种资料完全准确地向证券监管机构申报。证券监管机构的职责是对申报文件的真实性、准确性、完整性和及时性做合规性的形式审查，而将发行公司的质量留给证券中介机构来判断和决定。因此，该发行制度将政府行为控制在其能力边界以内，避免了对股票公开发行的不当干预，并且对发行人、证券中介机构和投资者提出了更高要求。

一、美国注册制

美国是典型的注册制国家。公开发行证券，必须向美国证监会（SEC）注册，发行人应提供与证券发行有关的一切信息，并保证其真实性。监管机构不对发行人的盈利能力做出判断，也不确保其信息披露的完整性和准确性。信息披露是否真实准确责任由公司和相关中介机构承担，拟发行证券价值主要由投资者判断。

（一）双重注册制

根据美国各州立证券法统称——20 世纪初的《蓝天法》、1933 年的《证券法》及 1934 年的《证券交易法》，美国实行双重注册制（dual registration），除非豁免注册，否则本土公司在美国境内 IPO，一般必须在联邦与发行（或销售）所涉州两个层面同时注册：联邦层面的以披露为基础的注册制和州层面的以实质审核为基础的注册制。建立之初，联邦的注册制是州实质监管的补充。双重注册制从多个角度对拟发行证券的具体信息进行全方位的披露和公开，从而提高投资者全面掌握企业信息判断证券价值的科学性。

1. 联邦层面 SEC 的审核

围绕着充分信息披露的核心，美国证券交易委员会 SEC，安排由律师、会计师、行业分析师等专家组成的审核小组对相关信息披露进行审核。虽然在审核的过程中不涉及实质性判断，仅仅对证券发行人所披露的信息与程序进行形式审查，但是由于遵循“完全信息披露”的监管原则，故要求发行人必须披露对于企业与证券价值具有“实质性”的信息，以供市场判断。

2. 各州层面的审核

与联邦证交委相对应，美国各州也设立了证券监管机关。当拟发行证券不符合注册豁免的条件，则该项证券应当在州层面向监管机关进行注册。州证券监管机关虽仍以注册制为主要原则，但并不完全放弃实质性审查。各州之间的注册审核方式各有不同，总体上看主要有以下三个方式：登记注册制（notification）、协调注册制（coordination）以及资质注册制（qualification）。

（1）登记注册制。这种注册制与联邦的注册制相似，它要求发行人向州证券监管当局报送发行计划，经审阅生效后方可发行股票。以这种方式进行发行审核的通常是业绩较好的大型公司。

（2）协调注册制。顾名思义，这种注册制度强调联邦与各州之间的协调。与登记注册制相比，协调注册制的审阅过程比较严格，它要求发行人呈报更多的资料。在审查过程中，监管当局可根据情况作出取消注册的决定。这一决定的基础不仅局限于不完备的信息披露，而且还由于发现注册材料中有与证券法规要求不符的地方。因此，这种审查是法规性的实质审查，而非全面的质量性实质审查。如果发行人材料符合法规要求，即使在财务条件、管理团队素质等方面有一定缺陷仍可通过。

（3）资质注册制。这种制度与联邦的发行注册制度在本质上有较大区别。联邦的制度仅要求发行人披露足够的、合格的信息，但在审阅中对发行人本身不作审查。而有些州所沿用的资质注册制不仅对信息披露有较严格的规定，而且对发行人本身的资格也进行审查。这种审查不是注重发行人的经营状况和盈利能力，而是它在满足公平、公正和平等的原则方面的表现。为了能够对发行人有较准确的评估，监管部门要求发行人在注册时提供较详细的材料，其中包括诸如公司的财务状况和股本结构等方面的内容。在发行人按规定呈交了注册登记文件之后，如果监管当局没有发出停止注册的指令和延缓生效日的指令，注册登记在30天内可以自动生效，如果监管当局不想取消发行人的注册资格，而只是使其暂缓生效，那么它可以将生效日推迟最多不超过90天。

（二）豁免注册制度

作为高度自由的资本市场，根据《1933年证券法》等规定某些特定类型的证券享有豁免注册的权利。注册豁免主要分为两类：当某种证券的发行对象并非针对社会公众，而采取定向募集、私募方式发行，则其可以享受注册豁免；或者证券发行规模较小，所涉及的投资者数量较为有限，不会对公众投资者产生广泛影响，也同样可以免于注册核准。此外，包括政府债券、银行证券、商业票据等在内的发行人资信良好、投资风险较小的证券也被授予豁免权。

美国大约有40个州对证券实行实质审查，一般那些需要进行州实质审查的登记是那些在SEC登记中被豁免的发行。在一段时间内，业界有关实质审核的呼声很大，但是已有几项改革减少了由州“蓝天法”所带来的不便。其中之一就是由北美证券协会（North American Securities Administrators Association, NASAA）制定的关于实质审查的一些新规则。不仅如此，还有一些对法律的行政解释也造成了对一些实质审核的豁免，而这也限制了实质审核的适用范围。

（三）货架注册制度（shelf registration）

货架注册即所谓的415规则，1982年美国对证券发行注册制度进行改革，实行一次性注册，允许公司在《1933年证券法》第415条法规下对其计划在以后两年发行的所有证券进行一次性注册，以提高股票和债券注册程序的效率。该注册制度到1984年初成为一种永久性的选择权。若一个公司想上市，可让拟承担此项目的投资银行进行竞标，由选定的投资银行对其两年内计划发行的证券向SEC注册。当发行者准备筹资时，就可以将以前已经注册过的证券从SEC的“货架”上拿下来直接向社会公众发行，只需要更新过去的财务指标，并不需要进行更多的披露。货架注册不仅简化了注册程序，而且给予了发行公司更大的灵活性：发行时若没有满意的报价，公司可以拒绝出售证券；或者企业可以在投资银行的协助下，将证券直接出售给投资者。这样发行人在安排股票或债券发行时，不仅能把握最有利的发行时机，而且还可降低发行成本。

二、日本注册制

经过战后70多年的发展，日本的证券市场目前已经与美国、英国同居世界三大证券市场之列。第二次世界大战后，建立完善的证券市场是日本迅速恢复经济的重要举措。在美国占领当局的批准下，日本建立了现代证券市场，并参照美国的证券法和证券交易法，于1947年制定了《证券交易法》。受美国的影响，日本在证券发行审核制度方面也实行了注册制，并历经几十年的严格管制得以延续至今。

（一）特点

日本注册制移植于美国，许多方面与美国如出一辙。日本新股发行过程与美国极为相似，金融厅（原大藏省）发挥了SEC的职能，对股票发行进行审核。日本对新股发行的信息披露要求简单于美国，发行方只需要披露发行申请书、发行登记书和补充文件、招股说明书即可。日本对新股发行的监管包括事前控制和事后监管两个系统，事前控制主要由金融厅、证券交易所、证券业协会授权机构进行审核；事后监管由金融厅下属证券交易监视委员会对于市场交易、信息披露等行为进行监督，共同维护新股发行和交易的合规性和合法性，并对发行人的违法违规行为进行严厉的惩罚。

仿照美国注册制要求，日本主管机关的审核也同样强调公开原则，要求发行人依法依规，全面、真实、准确地提供一切与发行有关的资料。此外，也主要进行形式审查，对投资价值不做判断。自 1997 年美国式累计订单询价机制在日本被正式确认后，几乎所有日本的股票发行均转向采用美国式累计订单询价机制。由于在拍卖机制中机构投资者参与相对较少，因此拍卖机制中的定价更主要地受市场影响而不是由上市公司的内在价值决定。

（二）证券交易所的实质审核

尽管日本和美国一样采取的是注册制，然而日本的证券交易所对上市仍拥有实质性审核权力。依据《证券交易所法》的规定，日本各证券交易所均制定了详尽的上市规章，其结构和内容大体相同。

东京证券交易所是日本国内最大的证券交易所，设有市场一部、市场二部以及为新兴与高成长企业设立的类似于我国创业板的特则板块（mothers）。在东京证交所初次上市的股票，原则上将首先被指定到市场二部上市，其上市的规则比较简单。但对于符合股份数额大、股权分布好等有关标准的企业，将被指定到市场一部上市。在一部上市的公司股东要超过 2200 人。在一部和二部上市的公司，东交所对其过去的 2～3 年的利润或最近一年的销售额均有要求。

东京证交所的上市审查干事和工作人员组成的审查小组通过书面审查、质疑听证、实地调查、会谈等方式，对申请企业的上市进行形式和实质审查。前者是核查申请上市企业是否符合交易所指定的最低上市标准，后者是对申请公司的持续经营能力及经营效益、企业管理制度的健全性、信息披露的有关情况以及其他从保护公众投资者角度出发认为必要的事项进行考察，然后交易所内部对于是否接受企业上市做出最终裁决。

三、中国香港的注册制

（一）双重存档制度

香港对证券公开发行的监管实行双重存档制度，即联交所将发行人提交的材料副本转交给证监会，该材料被视为已由发行人向证监会提交。《证券及期货条例》规定上市审核权归联交所，不过证监会仍保留否决权。香港证监会和联交所签署备忘录，规定了香港证监会对联交所规定的上市程序进行监督。通过此项双重备案制度的安排，证监会可以行使法定调查权，对其怀疑在向证监会进行法定备案时故意或轻率地提供了不实或具有误导性信息的人进行调查。香港证监会依据《证券及期货条例》对公司上市进行审查，以信息披露为核心，并具有否决权；联交所依据《上市规则》进行审查，以上市条件为核心，判断其是否符合上市规则的要求。但《上市规则》也声明两点：第一，规定并非包罗一切可能情况，联交所可以就个别申请实施附加的规定。第二，交易所保留接纳或拒绝上市申请的绝对权利，因而，即使申请人符合有关条件，也不能保证适合上市。两组审核人员同时审查。

（二）发行与上市合二为一

我国香港地区股票发行与上市合二为一，企业在香港发行股票必然要在联交所上市。香港证监会与香港联交所签署的《上市事宜谅解备忘录》，规定了双重存档（或双重存盘）制度，所有上市申请人及上市公司均须通过香港联交所向香港证监会提交上市申请及信息披露材料以作存档，也即香港联交所和香港证监会两方面同时审查一家公司的上市申请材料。联交所是上市申请人的主要联络平台，实质审核上市文件，审核的重点在于申请材料是否符合《上市规定》和《公司条例》的规定；香港证监会原则性的形式审核，审查重点在于上市申请材料是否符合《证券及期货条例》及先关附属条例的规定，关注招股书的整体披露质量及该证券的上市是否符合公众利益。只有当上市申请取得了联交所批准以及香港证监会发出“不反对有关上市申请”的通知后，该证券才可以上市。香港证监会通过监督联交所是否依法行使审核权间接地履行证券发行上市的监管职能，同时还拥有法定的调查及执法权，以及核准决定的最终否决权。

（三）优缺点

我国香港地区的注册制模式有许多的优点，它强调发挥证券交易所的作用，体现了证券监管以自律为主的原则，由证交所统一行使发行上市审核权，工作效率较高；另外证监会也比较超脱，能跳出利益圈之外，可以保证其决策的公正性和独立性。当然，这个模式也存在一定问题，由于证交所本身就是市场中的主体，甚至有时证交所自身也上市，它有自己的利益，证交所集监管者和市场主体几个角色于一身，可能由于利益驱动而滥用监管审核权力。

四、比较与借鉴

（一）境外市场股票发行注册制的共同特征

1. 监管机构仍需对股票发行进行审核

监管机构不对发行人进行价值判断，但仍需对股票发行进行审核，只不过审核的核心是信息披露。监管机构要站在投资者的角度，审查信息披露的针对性、全面性、可读性，发行人和中介机构对信息披露的真实性和准确性负责。其中发行人负主要责任，中介机构如果未能履行勤勉尽责义务，也要承担连带责任，构成刑事责任的，甚至要追究刑事责任。对于信息披露可能存在的矛盾、遗漏或误导之处，监管机构有权要求发行人进行澄清或者追加披露，甚至要求撤回注册文件或者对注册文件做出不予生效、终止生效的决定。

2. 投资者是价值判断的主体

投资者需要通过发行人公开披露的信息，最终做出投资决策。投资者是决定发行是否能够成功的关键因素。在美国市场，有上万家各类机构投资者，如果投资者对该发行人缺乏投资兴趣，或与发行人的期望相差较大，发行人即便通过监管机构的注册，也难以发行成功。

3. 股票发行和上市相互独立（中国香港除外）

发行环节主要由监管机构把关，审核标准较为统一。而在上市环节，特别是在多层次资本市场环境下，交易所可根据自身的定位和需要设置不同的上市门槛，不同规模、资质的企业也可选择适合自身发展的交易场所申请挂牌。

4. 股票发行过程更加制度化、透明化和可预测

IPO 注册制是一种监管机构对市场更为先进、更为现代化的管理方式。注册制改革本质上也是政府和市场关系的再调整。随着监管机构的简政放权，市场的自我调节和供需的自我平衡机制逐步发挥作用，原本不应由监管机构承担的责任将逐步转向交易所、中介机构、发行人和投资者等各类主体，使政府和市场的边界更加分明。

5. 前端放松需要后端加强

注册制的实施与市场的法律体系、惩戒机制以及投资者保护水平高度相关。从境外经验来看，在实施注册制、放松准入环节限制的同时，需要不断健全配套法律法规，不断加强中后端监管执法和投资者权益的保护力度，构建注册制得以顺利实施的有力保障。

（二）借鉴

基于我国目前资本市场发展现状，注册制改革客观上难以一步跨越，需要借鉴上述国家和地区的成功经验，在继续完善现行保荐人制度基础上，与相关配套制度建设齐头并进，逐步实施。

1. 推进市场化改革

从国际经验看，注册制实施的关键在于以信息披露为核心，推进市场化的定价机制，弱化行政干预，加强事中和事后监管，切实保护投资者的利益。虽然《证券法》规定中国证监会应当自受理股票公开发行申请文件之日起 3 个月内依

照法定条件和法定程序做出予以核准或者不予核准的决定，但受制于新股发行被二级市场股票指数“绑架”的特殊情况，中国证监会不定期暂停股票发行审核，导致整个发行审核时间被人为拉长，且期限不可预测，使得众多境内优质企业纷纷瞄准境外市场谋求海外上市，国内宝贵的战略资源大量外流，导致国内投资者无法分享中国经济快速成长所带来的改革成果。伴随着注册制推进，证监会应进一步简政放权，减少行政管制，尽量通过市场化手段维持股票市场的供求平衡，将是否发行和认购股票、何时发行等选择权更多地由发行人、证券中介机构和投资者来决定，坚定地推进 IPO 审核的市场化进程。

2. 进一步完善保荐人制度

核准制下，为达到公司经营业绩利润、持续盈利能力等发行标准，部分保荐人或保荐机构成为欺诈发行等违规行为的帮凶，常常无法独立、诚信履行职责。而注册制下，发行审核环节转变为证券注册，公权力监管侧重于信息披露的真实准确与否，协助信息披露成为保荐人的最核心义务。其保荐角色由要求发行人保证盈利性等上市条件和标准转变为完成尽职调查，确保发行人信息披露完整、真实、有效，为投资者决策提供参考。这是保荐人职能的收窄，也是保荐人应然角色的回归。此外，作为注册制下监督保荐人的重要途径之一，应将保荐人收费纳入监管及法定公开范围。可借鉴我国香港地区经验，实行保荐收费公开、透明。保荐费不应取决于发行成功与否、发行规模大小，也不应与包销、定价等其他服务收费相混淆。对于保荐人与发行人间的对赌式收费条款更应予以公布，接受监督，以督促其尽职尽责，更好地履行其“经济警察”职能。

3. 充分发挥交易所的监管职能

在中国香港的注册制中，证券交易所作为市场重要的组织者是发挥自律监管和提高市场有效性的关键环节。因此，在国内注册制改革中也应建立发行和上市分开制度，推进审核主体下移，将上市审查权下放给交易所，发挥交易所的一线监管职能；同时给予中国证券业协会在市场上更多的话语权，充分发挥其对证券经营机构自律管理的作用。

4. 加快配套制度建设

注册制改革是一项系统工程，需要信息披露制度、退市制度、监管制度、合格投资者制度等一系列相关配套制度建设跟进，才能为实施注册制及股票市场的健康发展创造良好的生态环境和市场条件。因此，沪深交易所需要快马加鞭做好新旧制度“无缝对接”，强化信息披露一线监管力度、完善上市公司退市配套制度、细化完善证券交易制度和加大投资者保护力度等工作。

第四章 注册制配套制度建设专题

注册制实施涉及一级市场和二级市场间的关系，涉及股票首次公开发行和并购重组、退市等一系列的关系，涉及市场机制和监管制度之间的关系，也涉及发行人、投资者、中介机构等不同主体的利益关系，因而是一项十分复杂的系统性重大改革，需要运用整体思维进行通盘考虑，本着全程监管、充分披露、市场约束、归位尽责的理念统筹设计各项核心制度安排，力求不同环节前后贯通、有机衔接，各个配套逻辑一致、合力共振。

第一节 IPO 注册制下信息披露制度的优化

从核准制到注册制转型的顺利落实，需要一系列配套制度的跟进配合，而这些配套制度改革完善所围绕的核心或起点，便是证券市场之灵魂——“信息披露制度”。真实可靠的信息是资本市场赖以高效运行的基础，它既是注册制的特征，也是注册制的核心，还是连接上市公司与投资者的桥梁，上市公司披露的各种定期报告和临时报告是投资者的决策依据。真实、准确、完整、及时的信息披露是证券市场诚实信用的基石，在防范市场投机、减少市场操纵、帮助投资者和社会公众准确投资等方面具有重大的意义。尽管美日等发达国家注册制的具体规定不尽相同，但其成功实施均得益于保护证券投资者利益最为有效的手段之一——精心设计的严格规范的信息披露制度。

一、注册制下信息披露的要求

新股发行注册制下，其核心内涵就是以发行人信息披露为中心，中介机构对发行人信息披露的真实性、准确性、完整性进行把关，监管部门对发行人和中介机构的申请文件进行合规性审核，在充分信息披露的基础上，由投资者自行判断企业价值和风险，自主做出投资决策。所以在 IPO 注册制下信息披露文件是集真实性、准确性、完整性、及时性等为一体的，而信息披露的真实性又是其他信息披露要求的基础。纵观各国证券市场的发展，信息披露基本要求可归纳为两个主要方面：一是信息披露的实质性要求；二是信息披露的规范性要求。

（一）实质性要求

实质性要求指信息披露内容或披露主体本身应遵循的相关要求，披露的信息要有足够的事实依据、有充分的法律依据及相关证据。主要包括以下六个方面。

1. 有效性

证券市场的信息有效性是指信息披露是否有效及市场是否完全反映了已经披露的证券信息。首先，上市公司在信息披露中要真实、准确、完整和及时，不能违反信息披露的相关法律法规；其次，给定的信息要充分、真实、及时地反映在股票价格的波动上。上市公司信息披露的有效性不仅是证券信息传导机制有效性的前提，而且是实现证券市场资源配置有效性的前提和基础，也只有有效的上市公司信息披露才能保证整个证券市场有效性的实现。

2. 真实性

信息披露的真实性是证券市场的核心问题，其重要性几乎使其成为信息披露制度的前提假设。信息披露的真实性是一种法律上的真实性，其应具有三个特性：一是客观性，即上市公司公开信息的内容必须具有客观性，其反映的事实必须是上市公司经营活动中发生的，而不是为了影响股票市场价格虚假编造的；二是一致性，即上市公司公开的信息必须符合客观实际，公开信息的内容与其所反映的事实之间具有一致性；三是规范性，即上市公司公开的信息必须符合证券法规定的对不同性质信息真实性的不同判断标准。

3. 完整性

信息披露的完整性即要求所有可能影响投资者决策的信息都应得到披露；在披露某一具体信息时，必须对该信息的所有方面进行周密、完整、全面、充分的揭示；不仅要披露正面的信息，更要披露对公司股价不利的反面信息，两者不能偏废。

随着经济的发展，上市公司的经济活动也越来越活跃复杂，以财务信息为主导内容的信息披露已经无法满足企业利益相关者。他们对信息披露的需求趋于多元化，更多涉及企业的人力资源、核心竞争力、背景信息及发展趋势等非财务信息。就投资者而言，也要求企业披露有关社会责任、环境保护、资源回收及可持续发展等方面的非财务信息。非财务信息披露的重要地位充分体现了信息披露的完整性。

4. 及时性原则

及时性原则要求上市公司应以最快速度披露其信息，公司应该保证其所公开披露的信息为最新状态，不能给社会公众以陈旧和过时的信息。任何准确完整的信息一旦失去时效性，便失去了披露的意义与价值。持续信息披露是提高信息披露及时性的保证，能为投资者对上市公司的投资价值进行客观评价和动态判断提供依据，同时也可以保持披露信息与上市公司的相关性，使得投资者实时了解公司的经营状况，从而更好地做出投资决策。

5. 对称性原则

对称性原则也即公平性原则，要求上市公司向所有投资者及相关人士平等地提供全部披露信息，使得投资者可以同一时间、同一渠道获取相同的所有披露信息。证券市场上，不同投资者之间往往存在着严重的信息不对称性。比如，大的机构投资者或者证券分析人员可能较中小投资者更早地获取未公开信息，或者较早地认清所披露信息的虚假性等。在信息不对称的干扰下，市场行为和市场功能往往被扭曲，有时甚至会出现股票价格的剧烈波动。因此，上市公司在披露信息时应采取措施，尽量提高信息的对称性，切实维护全体投资者的知情权，以确保证券市场的公平性。

6. 敏感性原则

敏感性原则要求上市公司除了按照强制性规定披露信息外，还应主动、及时地披露所有可能对股东和其他利益相关者决策产生实质性影响的信息。敏感性原则将上市公司充分暴露在阳光地带，维护证券市场的公开、公正与公平。由于股票价格对上市公司的各种事件和变化均表现出了相当程度的敏感性，因此，上市公司还应在强制性要求之外，主动、及时地披露重大信息，以提高信息披露的透明度和完整性。

（二）规范性要求

规范性原则是指与信息披露的形式、披露渠道及披露信息的性质有关的要求。规范性原则要求上市公司按照证监会规定的要求和格式进行信息内容的披露，主要包括以下四方面内容。

1. 格式化与差异化要求

格式化要求上市公司的披露信息必须按照统一的内容和格式标准公布。相关的法律、法规对披露信息的内容与格式均做出了严格规定，上市公司有遵循其要求披露的法定义务。但是信息披露的格式化要求不代表每一家公司、每一种行业的公司均按照一种格式进行信息披露，即强调差异化信息披露的重要性。差异化信息披露是指在信息披露的基本要求之下，应当允许不同的上市公司在披露内容和披露方式上存在一定的差异性，以适用灵活多变的市场交易。

2. 易得性要求

易得性要求上市公司披露信息的渠道必须容易为投资者获取。现代通信技术和网络在各领域的广泛利用使得证券市场信息披露实现了电子化。政府证券监管机构可利用计算机网络技术建立专用的法定的证券信息存储和检索的数据库系统，以实现证券信息登记与披露格式、标准、用语等方面的统一。

3. 有用性要求

信息披露的有用性原则可从四个方面加以理解。（1）披露信息必须是易理解的。这要求信息披露从陈述方式到使用术语均应浅显易懂，避免用语过于专业化；（2）披露信息必须对投资决策有所价值，应以投资者的决策需要为导向，突出披露重点；（3）披露信息必须具有可比性，不同企业或同一企业在不同时期披露信息的模式和方法必须保持一致，以便于投资者进行比较判断；（4）信息披露必须考虑披露成本与收益之间的平衡，在保护投资者利益的同时，尽量降低披露成本。

4. 自愿性要求

该项要求指的是监管者明确规定强制性信息披露的范围，其他部分披露与否由市场主体自行决定。自愿性信息披露指的是上市公司在法律强制规定的范围外公开进行的信息披露。上市公司的自愿性信息披露主要包括与利益相关者息息相关的一些信息，其内容可划分为战略性信息、预测性信息、财务分析信息和社会责任方面的信息等。

二、基于注册制的信息披露制度的优化

现有的信息披露制度与上述注册制成功实施的要求尚存在较大差距，如披露规则的监管需求导向明显，披露信息碎片化、披露质量较低等，有待进一步规范和优化。在借鉴美国、日本等发达国家注册制成功实施经验基础上，应从信息披露导向转变、核心文件确立及其披露质量提高、证监会监管职责的重新定位、规范信息披露主体行为、加大对违规披露惩处力度等方面优化我国现行信息披露制度，构建以充分信息披露为基础，以审慎形式审查为核心，以严格法律责任追究为后盾的 IPO 注册制，以推进证券发行市场健康稳定发展。

（一）以“投资者”需求为导向，贯彻充分披露规则

披露规则制定应由核准制下的“审批者”监管导向转向注册制下的“投资者”需求导向，相应地，招股说明书也应由核准制下的“审批文件”转变为注册制下的“销售和法律文件”。一方面，为了成功实现 IPO，招股说明书作为销售文件，需对此次发行吸引投资者踊跃申购的亮点深度挖掘，推介营销；另一方面，作为法律文件，为了免除法律责任，发行人必须真实充分披露此次发行所蕴含的全部风险。而作为审批文件的招股说明书应更多地关注审核评分的格式化内容，以便顺利过关。从投资者角度出发制作的招股说明书应强调披露质量的真实性和客观性、披露内容的整体性和差异性、披露信息的相关性和重大性、披露风险的充分性和准确性、披露行文的浅白性和可读性。

（二）确立“招股说明书”IPO 信息披露核心文件地位

在美日注册制中，招股说明书的优劣直接决定了 IPO 的成败，因此招股说明

书是公司发行上市信息披露的核心文件。为了排除市场不当信息，使发行人和中介机构集中精力制作披露文件，监管机构应聚焦形式审核重点，SEC严厉禁止在招股说明书等注册文件生效前接受订单发售证券的“抢跑（gun jumping)”行为，刊登红鲱鱼说明书、墓碑广告等推介活动也必须基于招股说明书进行。

（三）提高招股说明书的披露质量

1. 严厉打击虚假披露

现有的招股说明书披露内容的总体框架与注册制的要求差距较小，最大不足体现在披露质量低下，虚假披露时有发生。

2016年10月21日，中国证监会官网通报了IPO欺诈发行及信息披露违法违规专项执法行动首批6起立案案件，在对日常监管部门、自律监管部门常规审核、监管检查及其他渠道发现的违法违规线索初步核查分析基础上，证监会稽查部门决定对IPO申报企业龙宝参茸及粤传媒、*ST烯碳、*ST盈方、匹凸匹、美丽生态5家上市公司正式启动立案调查的行政执法程序。从核查掌握的线索情况来看，相关发行人、上市公司存在信息披露不真实、不准确、不完整的重大嫌疑。其中，申请IPO的企业龙宝参茸涉嫌在招股说明书中虚假陈述，包括隐瞒重大担保事项、不实披露公司治理及内控情况等。

2019年1月11日，证监会发布了2018年典型违法案件。其中第一起就是金亚科技欺诈发行、财务造假。金亚科技股份有限公司（简称金亚科技）通过虚构客户和业务、伪造合同等方式虚增收入和利润，骗取首次公开发行（IPO）核准。因此，当务之急是提高招股说明书的真实性和客观性，严厉打击虚假披露。

加强证券监管执法是证券发行市场化改革的法制保障。对于注册制改革，市场最为关注的是如何遏制与严惩欺诈发行和信息披露虚假等违法违规行为。应在规则制定权、日常监督权和调查处罚权等方面，全面完善对中介机构特别是保荐机构和会计师事务所的执业规范的监管。证监会应进一步强化保荐人、投行、律师等中介机构在确保上市公司信息披露真实性中的责任，使其充分发挥企业发行上市“第一道把门人”的作用，通过责、权、利的统一，培育市场意识，规范市场行为。将监管重点转移为打击内幕交易、防范利益输送，加大违法违规行为的惩罚力度，促使各中介机构（律师、审计师、评级机构等）各司其职、各负其责，强化约束机制，使其代替发审委成为市场的“守夜人”。而对于造假机构，应建立投诉、问责和索赔机制，如采取责令回购股份、责令先行赔付等方式，加大处罚力度，尽力使投资者获得及时补偿。

2. 强化披露信息的整体性、针对性

现有披露中不同模块间的逻辑主线不够清晰，不能前后连贯、完整全面地反映公司经营面貌。因此，应效仿Facebook招股说明书，以经营战略为主线，将

财务业绩、核心资源、风险因素、投资项目等贯穿其中，勾勒拟发行公司的前景。此外，披露内容应避免空泛，减少宏观和中观行业层面的信息，而增加个性化的公司特有信息，有些内容如募集资金使用等的披露须更具针对性，更应杜绝报喜不报忧的选择性披露倾向。

3. 体现信息的相关性与重大性

简化或取消与投资决策相关性较小的如公司的历史沿革等审核信息和合规要求，而风险揭示、财务信息、公司治理、投资者保护等内容则应详尽披露。尤其要强化风险揭示的充分性和准确性，对此次 IPO 可能蕴含的风险必须充分准确披露，且不得有对风险进行化解的描述。美国注册制突出特点之一就是投行及上市公司为了减轻发行后责任，IPO 信息披露时尽可能多地强调风险因素。如 Facebook 和 Google 的招股说明书中风险因素分别达 51 个和 60 个，每一风险因素仅描述一项具体风险。

4. 提升披露信息的可读性

招股说明书应重点突出，语言浅白，不过度依赖释义，尽量避免使用艰深晦涩的专业术语或公文用语，以便于普通投资者阅读理解。如 Facebook 招股说明书中对关键绩效指标给出了定义和计算方法，通过图片提高披露内容的直观可视性，借助图表、清单简化对复杂材料的文字说明等做法值得借鉴。

第二节　严格退市制度

实行注册制，不仅需要有完善的配套制度保驾护航，更需要严格的退市制度作为后盾。由于注册制过度依赖信息公开，当过多的投机分子涌向市场时，就会影响投资者对证券价值的正确评估，无疑加大了市场失灵的风险。此外，大多数中小投资者很难具备丰富的证券投资经验、专业知识和对招股说明书、财务报告等信息的辨析能力，因此仅仅基于信息公开完全披露就能保护投资者利益是很难做到的，还需要退市制度进行必要的纠错。推进注册制改革可引来新股发行的“源头活水”，而完善退市制度则可将二级市场“激浊扬清”，两者缺一不可，必须相辅相成、齐头共进。成熟证券市场 IPO 注册制的成功实施离不开退市制度的保驾护航，其上市公司退市制度被诸多国家借鉴效仿。

一、完善退市标准

退市规则本身包括了退市标准和退市程序两方面。退市标准是对上市公司进行约束，而退市程序是为了有效地约束监管主体而形成的保障措施，以确保监管者在做出公司退市决定时不滥用监管权力，公平对待所有上市公司，从而维护公司及广大投资者的合法权益。在制定退市制度时，退市标准应具体、明确，具备多样性和操作性，退市程序应兼顾效率和节奏，注重公平性和灵活性，以提升退市制度的有效性。

退市标准是退市制度执行的依据，完善退市制度、优化退市标准是当务之急。在现有法律框架下，通过上市协议和证券交易所的上市规则确定法定退市条件之外的其他终止上市条件的退市标准。在现有退市标准的基础上，应充分借鉴成熟证券市场退市指标的选取，在丰富退市标准的同时，加强退市标准的可操作性；同时还应结合中国国情，逐步形成具有中国特色的一套完整的退市标准。

（一）调整退市的价格标准

目前执行的连续20日股价低于1元的价格标准，可操作性差，而且易于规避，尤其是对于我国高市盈率的创业板股票形同虚设。交易所应适当调高价格标准，使其处在合理的范围，同时增大时间跨度，并且可运用“加权平均价格”来纠正价格指标易于规避的缺陷，增加此标准的可操作性。

（二）完善合规标准

IPO注册制对股票发行的合规性要求颇为严格，因此为迎接注册制，必须进一步完善合规方面的标准。继*ST博元因信息披露违法被强制退市后，欣泰电气股份有限公司因欺诈发行成为又一家被强制退市的公司，而且永久不能重返资本市场，这些体现了监管部门对披露和发行方面的合规性的重视。除此之外，监管部门还应加入日常经营方面合规性规定，如监督企业的日常经营活动是否违反社会公共利益，来体现企业的社会价值等。

二、优化退市程序

（一）简化退市程序

退市程序是退市制度的执行过程，退市程序冗长直接导致退市效率低下。完善退市制度，简化退市程序必不可少。事实证明，缓冲期的存在直接导致了退市程序执行的拖沓，因此，取消缓冲期是简化退市程序的根本途径。上市公司一旦触发退市条件，就应立即进入退市程序，在规定时间内得不到改善、达不到标准的，应即刻退市。只有简化退市程序，才能及时清除不符合标准的上市公司，保证退市制度的高效运行。

（二）完善风险提示公告制度

受到退市风险警示反映了上市公司现阶段经营的非正常风险，因此出于保护投资者需要，证监会明确要求这些上市公司加强信息披露。上海交易所《股票上市规则》规定，在上市公司股票被实施退市风险警示期间，公司应当每五个交易日发布一次风险提示公告；深圳交易所《股票上市规则》规定，在上市公司股票被实行退市风险警示期间，公司应当至少发布三次风险提示公告。然而，因为公司信息披露义务人，包括董事、监事及高级管理人员，实际上代表着绝大多数大股东的利益，很难从维护中小投资者利益的角度及时向外界公布风险提示公告。实践中处于退市风险警示阶段的上市公司的财务欺诈、市场操纵和监管腐败等事件层出不穷也间接证明了风险警示作用的缺位。因此，需要完善退市风险警示期的风险提示公告制度，建立起此阶段上市公司信息披露义务人的问责赔偿制度，追究未按规定履行风险提示义务时相关责任人的法律责任，以此来保证风险警示规定得到有效贯彻执行。

三、发挥多层次资本市场作用

成熟的多层次资本市场一是可为融资企业找到更多出路，二是可为退市企业找到更好的退路。以美国为例，其强制退市的公司退市后一般是去场外市场交易，包括 OTCBB 市场、粉单市场（pink sheet）。虽然场外市场的流动性有所下降，股价的波动率也会明显提高，但是它提供了一个高风险偏好的股权交易场所。就我国 A 股市场而言，主板强制退市企业可在新三板挂牌。随着未来新三板各项制度建设的加速完善，投资者门槛在未来终将下调，这为主板企业退市后留下的中小投资者保护难题提供了解决思路，也能从一定程度上削减壳资源价值，进一步为退市制度的实施提供保障。

真正的多层次市场应该是场内和场外并存的，一个发展充分、相对成熟的场外交易市场为退出高层次市场的股票提供了继续交易的平台，一方面可降低上市公司的退市成本，另一方面也有利于保护投资者利益。场外交易市场不仅包括较高层次的全国中小企业股份转让系统，还包括了区域性场外交易市场。同时，需完善场外交易市场发育的法律制度环境，建立起场内外交易市场的转板机制，打通场内交易市场与场外交易市场的通道，明确场内交易和场外交易市场不同的市场定位和发展重点，在两个市场间形成一种良性竞争的局面，确立两者间相互补充、相互联通的良性互动机制。

四、规范地方政府的行政权力

在我国，尽管证券市场是由政府一手培育并继续需要政府运用行政权力予以扶持，但证券市场的特性及其对法治的高度要求决定了各级政府行政权力的运用必须是在一定的法律规范下的合理运用。在我国，要规范地方政府行政权力的运用，当务之急就是杜绝地方政府对公司退市的直接干预。地方政府应放弃长期以来在权力高度集中的计划经济体制下形成的经济工作方式，割断政府和上市公司的非正当关系，放手让上市公司进入市场，成为证券市场上平等交易的一员，自负盈亏、自担风险。

五、严格执行“退市公司专项披露”规定

2015 年 11 月证监会对上市公司年度报告信息披露内容与格式准则进行了合并修订，其中引入了“退市公司专项披露机制”，其内容包括公司应在年报中体现因主动退市、重大违法强制退市、公司相关主体股份限制减持、退市整理期等信息。其表述原则按照内容重要性分别体现在年报正文、摘要和退市情况专项披露中。“退市公司专项披露机制”的建立是对信息披露事中、事后监管的有力补充，其背后的信息披露理念是以投资者导向性为基础，通过专项披露来引导投资者决策，是信息披露决策有用性的体现之一，具有良好的设计思路和可操作性，而其严格执行则是落实改革的关键。

六、完善投资者司法救济途径

通过司法程序维护自身利益是中小投资者最后的法律救济途径，而法院对投资者提起诉讼的受理是诉讼程序的起点。因此要完善证券民事诉讼程序，首先要解决法院受理证券民事案件环节存在的问题。针对我国证券民事诉讼现状，上市公司退市除了正常经营性原因外，还包括操纵市场、内幕交易等证券欺诈违法违规行为。如果法院对中小投资者因此而提起的合理诉讼不予受理，则限制甚至剥夺了投资者的诉讼权利，对中小投资者利益的保护更是无从谈起。因此，法院对证券民事案件的全面受理，是完善证券民事诉讼程序、充分保护退市公司中小投资者合法权益的首要步骤。

同时，为确保民事赔偿优先原则的贯彻落实，可借鉴国内学者提出的追缴分配程序，具体为：在一些证券民事案件中，中国证监会负有追查和处罚这些违法行为人的职责；在确认违法行为人的违法行为后，中国证监会在给予的处罚中，可用追缴代替没收违法所得，然后制定分配方案，将违法所得分配给受到损害的投资者，所剩余额再上缴国库。

第三节　强化监管制度

注册制的推进需要监管层回归监管本质，监管理念和行为方式由“重审批、轻监管”的倾向内化为“重监管”的行为取向；主营业务由审核审批向监管执法转型；运营重心从事前把关向事中、事后监管转移，不断增强监管机构的权威性、专业性、独立性和公正性。

一、监审分离

由核准制过渡到注册制，首先要做到监审分离。监管部门应当厘清行政审批

和证券监管的关系，将工作重点放在监管上，包括对证券交易所、中介机构、拟上市公司的监管。企业发行股票和上市首先由证券交易所审核，在证券交易所初审后，再上报证监会审查，证监会对拟发行公司不作价值判断，主要审查是否合规，信息披露是否真实，逐步从投资价值的实质审核向信息披露的形式审查过渡，降低事前审核门槛，使投资者更加谨慎地甄别、评估拟上市公司。自身实施的审慎形式审查以信息披露为核心，强化对发行人信息披露的齐备性、一致性和可理解性进行监督，重点关注申请文件的真实性、准确性、完整性、合法性、关联性与充分性等，以及设定关联交易、同业竞争的合规要求和风险底线门槛。

二、突出监管的功能性

注册制应以功能监管为核心，组成包括发行、上市、稽查、处罚委、投保局等部门的功能监管链，使事前审核、事中事后监管与处罚移送等形成协调一致、整体联动的证券监管组织架构。将证监会的主要职能从繁重的发行审核工作中脱离出来，重点集中于加强监管，规范市场运行，保护公众投资者利益。

无论证券市场中的金融产品是哪些机构发行、销售、经营，也不论是否冠以“证券”字样，只要符合证券的一般特征，即可转让性、投资收益性、风险性等，均应统一纳入证监会的监管范畴，由证监会负责对功能相同的金融产品适用同一标准和规则，采用相同监管措施。这种由分业监管转向功能监管的路径，实质上是监管权限的扩张和延伸。

三、加强行业监管力度

在国家对证券业实行集中统一监督管理的前提下，行业协会组织进行证券业自律管理；发挥政府与证券行业间的桥梁和纽带作用；为会员服务，维护会员的合法权益；维持证券业的正当竞争秩序，促进证券市场的公开、公平、公正，推动证券市场的健康稳定发展。加强行业协会的监管力度，重视行业协会地位，充分发挥其职能，补充专业人员力量，提升证券市场监管质量。

证券业协会与证券市场的参与主体证券公司、上市公司、投资者有着紧密的联系。作为监管机构与市场主体间的桥梁和沟通平台，证券业协会在从业人员资质、行为监管，投资者教育和适当性管理方面积累了大量实践经验。在监管部门转变监管方式，加强事中、事后监管措施的过程中，对于证券公司、上市公司、证券从业人员、上市公司高管等的监管，监管部门可授权证券业协会代为行使部分权限，对不当行为进行限制、禁止；对相关人员实行问责、警示、处分、驱逐出市场；对违法违规行为展开现场审查反馈意见，发挥“直通车”的监管功能。同时，证券业协会在投资者利益受到侵害、证券市场主体间产生纠纷时，可及时展开调查、取证、调解等措施，发挥监管“缓冲带”的功能。

四、强化事中事后监管

事中监管主要体现在对交易行为合法化、交易规则运行状态的规范和完善方面。在发行申请人通过注册审核向公众发行股票后，实际控股股东、重要持股人（持有5%以上股份对象）和关联方是否按照相关规则报备和严格遵守减持退出规则；定向增发、股权激励、大股东回购、分红配送等系列再融资和股权变动事宜是否合规；上市后的兼并重组、收购合并等行为是否符合程序；信息披露、重大事项报备及股价大幅波动答疑是否透明、公开、及时，都应纳入证监会事中监管范畴。对于交易中的规则缺失和明显不当，也应由证监会及时予以纠正和救济。

事后监管需要加强执法力度。注册制并不意味着“权力型”证监会的完全隐退，相反在某种意义上意味着需要一个更加强大的证监会。只有强有力的监管执法才能为注册制保驾护航，为中国式注册制在资本市场生根发芽、蓬勃发展奠定坚实基础。应在监管方面加强执法，打击证券市场违法行为，保障证券市场稳健运行。结合近些年的执法实践过程，继续强化和丰富执法手段，特别是在违法行为的认定方面，还需要最高法等部门给予支持，同时要加强各地监管部门的执法监督力度，建立诚信档案和负面清单，降低执法成本。

五、强化证券交易所的一线监管

证券交易所作为证券市场中的交易平台和枢纽，以及一线监管上市公司的自律组织，具有重要的战略地位。注册制下，作为自律组织的证券交易所将依据证监会授权，行使发行上市审核权，将原本由发审委及证监会掌握的行政权力下放到证券交易所，利用交易所一线监管的丰富经验、信息和人力资源优势，在证监会监督下，分行业、分专业行使审核权，充分发挥监督管理职责。实质审核权下移后，证券交易所成为审查证券发行文件的第一道关口，应充分发挥一线监管功能，严格审查注册文件，对符合条件的申请发行公司给予证券发行注册登记。

注册制实行后，证监会对发行公司的盈利能力不进行实质审查，一些上市公司可能通过粉饰财务报表，在财务会计报告中进行虚假陈述。因此，对财务会计报告进行实质审查的任务转移至证券交易所，证券交易所应在上市审查中严格把关；否则，不符合上市条件的公司蒙混过关，证券市场的上市公司将会鱼龙混杂，最终危害广大二级市场投资者的利益。

证券交易所对于上市公司信息披露的监管，是维护证券市场秩序和保护投资者利益的中坚。要使上市公司客观、及时地按照法律法规要求披露信息，证券交易所应建立信息披露的监管督促和惩戒规则，使各类违规披露信息的上市公司承担相应的违法违规责任，情节严重的，应予以强制退市。

退市监管是证券交易所惩戒违法上市公司的最后威慑力量。证券交易所通过上市监管、持续监管仍然不能解决某些上市公司的严重违法行为，即可强制该类上市公司退市。IPO 注册制中信息披露应以“卖者自慎”为原则，强化证券发行公司的信息披露义务，证券监督管理机构对证券发行公司的监管距离应适度拉长，优胜劣汰的生存法则应在证券市场进一步发挥作用。证券交易所应根据证券上市和交易过程中产生违法违规问题的原因和其对证券市场的危害性，在上市规则中制定退市规制条件，报证监会批准，并按照批准的退市条件行使退市监管权，维护证券交易市场秩序。

六、强化中介机构角色

注册制下，随着市场化进程，中介机构的作用突出化、责任实质化。在注册制框架下，信息披露成为发行阶段的核心所在，同时也成为市场主体关注的焦点。因此，发行人信息披露的质量将直接决定发行上市的成败，关系到相关中介机构在其职业领域的声誉，中介机构的作用将更加前台化；同时，市场也更依赖中介机构扮演好其“看门人”的角色，从而对发行人形成有效的制约。概言之，中介机构的“戏份”将更加充足。此外，由于核准制包含了对新股发行节奏的控制，因此大量发行人排队的现象屡见不鲜。而推行注册制后，新股发行的频率有望加快，将有更多的公司加入发行上市的行列中，中介机构自然也会获得更多参与机会。与此同时，中介机构也需要承担更直接和更重大的责任。核准制下有政府对新股发行人“背书”，在出现发行弊案时，尽管相关中介机构也会受到相应处罚，但出于监管机关也难辞其咎的考量，中介机构的责任退居其次。而注册制下失去了权力背书的因素，完善的责任机制将使失职失责的中介机构承担起很大分量的直接责任，因此，需要采取以下归位尽责措施，强化中介机构角色定位。

（一）律师与券商角色重新定位

在发达国家成功实施的注册制下，律师的主要职能是为发行人提供法律咨询服务，具体而言，包括为发行人准备招股说明书、注册表附件等一系列的信息披露方面的文件，其工作的核心在于尽量避免发行人因上市信息披露不实带来的诉讼。而作为投资银行的券商在证券上市发行过程中扮演的角色首先是帮助发行人寻找潜在的投资者；其次是组织股票发行的路演和询价，确定股票的最终发行价格，然后在二级市场上市出售股票。在我国也可考虑由律师执笔进行注册制审核核心文件的招股说明书撰写，使券商的工作重心回归市场调研与 IPO 合理定价。

（二）提高中介服务机构履行义务的标准

注册制下需明确强调为股票发行注册提供中介服务的律师事务所、会计师事务所、评估机构对其所出具注册文件合规性的保证，责任人需要进一步具体落实到签字律师、签字注册会计师等直接责任人。同时明确规定注册文件有虚假、误导性陈述和重大遗漏或其他欺诈情形时，证券服务机构有重大过错时，除罚款外，有必要设置 3 个月至 3 年内交易所不接受其所出具文件的业务限制。

（三）强化连带责任

注册制意味着部分实质审核权回归到证券中介及服务组织，会计师事务所、律师事务所、保荐机构和券商在 IPO 过程中的业务中心和角色会发生根本性改变。在中国目前的信用环境下，强化“投资者适当性”制度，推行承销团、保荐团的集体（联合）承销、集体（联合）保荐形式，用连带责任的方式建立一种私人监控机制，可以最大程度地减少注册制给投资者和社会公众带来的阵痛。

（四）提升执业水准

目前，我国虽然已经形成了保荐人、会计师、律师的相关执业准则和规定，但仍存在许多问题，例如过于笼统、范围不清等。究其原因，一个重要的因素就是形成的规范呈现行政主导性，缺少行业参与，无法凝聚行业共识。鉴于此，在执业标准的制定过程中，有必要引入职业共同体的参与。具体而言，行业协会作为自律组织应当承担凝聚行业共识、推动行业发展的责任，同时在行业中已经获得成熟经验的中介机构理应成为中坚力量，用更开放的姿态分享从业经验。就执业标准的落实机制而言，行业协会应当搭建执业状况评价平台，使得优秀的从业者能够脱颖而出。

第四节　建立合格投资者制度

注册制改革被视为中国资本市场的第二次股改，如前所述，将对资本市场的生态产生脱胎换骨的影响。投资者需要对发行人的资产质量、投资价值自主判断并承担风险，基于注册制的多层次资本市场建设要求交易产品风险特性与投资者风险承受能力相匹配。以中小投资者为主体的证券市场上，这种匹配要求更为重要。在研究多层次资本市场、多种风险特性产品、多元化投资者三者之间关系基础上，应从投资者专业素养培育、产品规则设计、市场准入制度、账户监测和关注、“黑名单”制度、市场禁入制度到实施过程中对投资者财产权、隐私权、平等权、自由权等权益进行保护，整体设计我国的合格投资者制度。

一、投资者专业素养培育

（一）培育中小投资者专业素养

在注册制下，中小投资者需要对上市公司披露信息的真伪加以鉴别，并对其行业前景和未来投资价值进行分析和判断。因此，需要借助投资者教育和自我学习，不断提高中小投资者的专业判断能力、市场分析能力和自我维权能力等，以能在纷繁复杂的股市信息中去伪存真，淘汰虚增业绩、恶意隐瞒重大事项等垃圾股票，真正将有限的资金投资到有潜在价值和增长潜力的优质蓝筹股票，以保护自己的合法权益。

中小投资者专业素养包括：（1）中小投资者应具备财务、税收、股票、金融等基础知识。能够读懂上市公司所发布的各类财务报表、理解财务数据的含义、明晰财务指标之间的勾稽关系。（2）要有风险意识。中小投资者要掌握股市运行的客观规律，培养风险意识，能够从宏观上对股市运行的大势做出初步研判。（3）要具备分析、判断能力。能够深入了解和分析自己所购买股票的行业发展、具体上市公司的财务指标、运营现状及发展潜能，做到自主选择，不盲目跟风。（4）要有自我维权能力。能够主动识别侵犯自身权益的违规、违法现象，并能利用法律武器进行维权。

（二）规范发展机构投资者

在我国证券市场中，中小投资者占有绝对比例。但由于中小投资者人数分散、个体资金量小、专业知识和判断能力较低，因此与控股股东（或经理人）相比，存在严重信息不对称。而从事证券投资的法人机构，如保险公司、养老基金和投资基金、证券公司、银行等机构投资者的出现能够有效地解决这一困境。机构投资者不仅拥有资金优势，而且通常是由各领域专家组成的群体，他们可以利用各种先进渠道收集信息，具有专业优势和信息优势，从而能够与控股股东（或经理人）相抗衡。通过机构投资者采取“股东积极主义”，投身上市公司治理，能在一定程度上有效地维护自身及中小投资者权益。此外，机构投资者参与询价和发行配售，能增强买方的议价能力，对降低新股发行抑价产生显著作用，有利于提高市场发行定价的效率。

（三）进行投资者适当性管理

投资者适当性制度是经国际经验证实的证券市场监管与投资者保护的有效机制。在域外成熟市场，投资者适当性制度主要通过规制证券金融机构的组织架构、经营行为的方式，确保投资者接受适合自身的投资服务，避免投资遭受损失或者当损失发生时能够得到及时、有效的赔偿。

我国相关行政法规、证监会部门规章和证券交易所、证券业协会的自律规则中对创业板、融资融券、股指期货等业务中的投资者适当性管理做了规定，但上位法，特别是《证券法》中仍欠缺对投资者适当性的一般规定。建议在《证券法》《证券交易所管理办法》修订时确立投资者适当性管理制度，并将其作为证券公司等机构对外提供服务的一项基本原则。在我国证券市场基本法律中规定适当性的内容，不仅对于证券公司及其从业人员的约束力更强，而且投资者可以直接援引基本法律中的相关规定向法院主张获得司法救济，有效地提升保护投资者利益的效果。

一个健全的资本市场，投资者是分层分级的。由于历史原因，我国主板市场一直以中小散户为主，抵御系统风险能力较弱。在推行 IPO 注册制改革这一 A 股市场重大制度创新进程中，实施投资者适当性管理制度，既是投资者保护的话题，也是投资者教育的必需。围绕适当性制度建设开展投资者教育工作，一方面，可通过向投资者普及证券投资知识以提升其参与市场创新的能力，向市场输送能够参与投资的“合格的”投资者群体，满足市场创新发展的需求；另一方面，基于理念创新、制度创新和产品创新不断推进，在增强投资者理性参与市场投资能力的同时，还需全面提升投资者的风险意识及根植“买者自负”的契约精神。

二、产品规则设计

产品规则设计上应根据产品风险，设计参与该产品的投资者条件，并且确立不同的风险揭示标准。如对于场内衍生品，因其在交易所内交易，产品简单且标准化、保证金交易、监管严格，可通过定制基本的风险揭示书方式，向投资者揭示产品风险；而对于场外衍生品，尤其是结构性、杠杆性产品，除了基本的风险揭示书外，还应根据产品个性化特点附加一份“特别风险揭示”。

此外，证券公司在营销活动中，应建立诚实推介、风险提示为内容的投资者教育制度。事前应充分了解客户的身份、财产与收入状况、证券投资经验和风险偏好，并根据客户情况推荐适当的产品和服务。

三、市场准入制度

市场准入制度可分为产品准入和投资者准入两类，其中投资者准入制度是在投资者分类的基础上，结合产品准入制度及国内投资者实际情况，建立相关产品的“核心投资者队伍”。如在融资融券试点筹备工作中，我国券商从多种角度对投资者准入制度进行了各自探索。华泰证券建立合格客户池，东方证券与银行共享征信记录，招商证券设推荐人制度，中信证券实施证书管理等。

四、账户重点监控

与证券产品分类相结合，依照投资者的资产水平、知识与市场参与程度等标准对客户进行分类监管，依据适当性管理原则，引导投资者选择适合个人风险承受能力的产品，并且要继续加强投资者交易行为监管，强化各项处罚机制。除现有的账户关注、账户限制等手段外，还要积极配合反洗钱工作的需要，加大对大额频繁交易账户的监控程度，切实配合有关部门规范投资者的交易行为。应根据投资者分类对出现异常交易情形的账户依程度分别给予监测和关注。证券和期货交易所作为一线监管机构，应对异常交易行为采取发出口头或书面警示等监管措施，并要求证券和期货公司对所关注账户实施重点监控，以防范违法违规交易行为发生。

五、建立“黑名单”和市场禁入制度

将有违法、违规行为的投资者列入“黑名单”，一方面冻结其账户，限制交易；另一方面作为资格认证的限制性指标之一；同时对严重违法、不适合继续投资的“害群之马”，应责令其退出市场，并宣布为市场禁入者，禁止再次进入市场进行交易。

六、投资者权益保护

注册制下投资者权益保护除了完善证券法律法规、自觉规范组织行为等要求外，首当其冲的是投资者的自我保护。而投资者自我保护水平最终取决于投资者自身对法律法规的掌握程度、投资者投资技巧与风险防范能力的高低及投资者的主动维权的法律保护意识等。相关主题应注重注册制实施过程中对投资者财产权、隐私权、平等权、自由权等权益的保护。券商和期货公司应当建立客户资料档案，进行妥善保管，并应为客户保密；还应为客户提供合理的投诉渠道，告知投诉的方法和程序，妥善处理纠纷，督促客户依法维护自身权益。

七、信息公开披露制度

信息公开披露制度是保护投资者知情权和公平交易权的基本制度，是投资者保护的基本措施之一。证券公司信息公开披露制度要求所有证券公司实行基本信息公示和财务信息公开披露，通过中国证券业协会网站和公司网站等渠道真实完整地披露包括公司基本情况、经营性分支机构、业务许可、新产品、高管人员等在内的信息，并在每一个会计年度结束后进行财务信息公开披露。通过现场检查和非现场检查、行政监督、年报审计等多种手段和措施，确保证券公司披露信息真实完善，将信息强制性披露与自主性披露结合起来，提高证券公司经营活动和财务状况的透明度，有助于投资者了解证券中介机构的状况及其变化。在自主识别机构风险的基础上选择证券公司，并加强对证券公司的监督。

总之，券商和期货公司可以投资者适当性管理制度建设为契机，开展适当性匹配关系模型、客户资格认证标识、客户适当性分析和适当性任务发布工作，架构属于公司内部的适当性管理和合格投资者建设体系，使客户投资的品种和享受的服务与客户的风险承受能力、投资实力、交易经验、知识结构等相匹配，力争使每位客户均可获得与自己认知能力、风险承受能力相适应的个性化服务和产品的推荐，从而从自身实际情况出发，审慎投资，合理配置其金融资产。

第五章 多层次资本市场体系建设——科创板专题

科创板（science and technology innovation board）是指设立于上海证券交易所下的创业板。2018 年 11 月 5 日，国家主席习近平出席首届中国国际进口博览会开幕式并发表主旨演讲，宣布在上海证券交易所设立科创板并试点注册制。随后，上海证券交易所在中国证监会指导下，制定并落实科创板与注册制试点方案，2019 年 6 月 13 日科创板正式开板。

党中央决定在上交所设立科创板并试点注册制，是落实创新驱动和科技强国战略、推动高质量发展、支持上海国际金融中心和科技创新中心建设的重大改革举措，是完善多层次资本市场体系和资本市场基础制度，提升资本市场服务实体经济能力，激发市场活力和保护投资者合法权益的重要安排。

首先，从市场功能看，科创板应实现资本市场和科技创新更加深度的融合。科技创新具有投入大、周期长、风险高等特点，间接融资、短期融资在这方面常常会感觉力有不逮，科技创新离不开长期资本的引领和催化。资本市场对于促进科技和资本的融合、加速创新资本的形成和有效循环，具有至关重要的作用。其次，从市场发展看，科创板应成为资本市场基础制度改革创新的“试验田”。注册制的试点有严格标准和程序，在受理、审核、注册、发行、交易等各个环节会更加注重信息披露的真实全面、上市公司质量，更加注重激发市场活力、保护投资者权益。最后，从市场生态看，科创板应体现出更加包容、平衡的理念。资本市场是融资市场，也是投资市场。科创板通过在盈利状况、股权结构等方面的差异化安排，将增强对创新企业的包容性和适应性。在投资者权益保护上，科创板一方面针对创新企业的特点，在资产、投资经验、风险承受能力等方面加强科创板投资者适当性管理，引导投资者理性参与；另一方面，还通过发行、交易、退市、证券公司资本约束等新制度以及引入中长期资金等配套措施，让新增资金与试点进展同步匹配，力争在科创板实现投融资平衡、一二级市场平衡、公司的新老股东利益平衡，并促进现有市场形成良性预期。

第一节 科创板企业 IPO 定价

科创板注册制改革将 IPO 定价权利还给市场，IPO 定价成为从投行到投资者关注的难点和焦点。对盈利公司可以用市盈率来估值定价，对不盈利公司该如何定价，证监会和交易所的规则并没有给出明确要求或具体的估值方法指导。《科创板股票发行与承销实施办法》只规定了询价确定价格的原则，《科创板上市保荐书内容与格式指引》中也只指出“对于市值指标，保荐人应当结合发行人报告期外部股权融资情况、可比公司在境内外市场的估值情况等进行说明”。因此，有必要探讨基于注册制的科创板企业 IPO 定价问题。

一、传统 IPO 定价方法

传统的新股定价方法一般分为两大类：绝对估值方法和相对估值方法。绝对估值方法是基于公司基本面，将公司的资产、负债和股权等方面进行全面估算的静态估值方法。但在实际应用中，采用公司资产的基本核算求得公司价值的方法并不完全适用，而相对估值方法在一定程度上弥补了这种缺陷。相对估值法是基于衡量企业市场价值的指标，通过计算乘数并与可比公司进行对比，以确定公司价值的定价方法。

（一）绝对估值法

由表 5.1 可以看出，绝对估值法包括股利贴现模型、自由现金流贴现模型和剩余收益模型。三种模型各有优缺点，且适用于不同类型公司的 IPO 定价。

表 5.1　绝对估值法基本类型

基本模型	基本公式	适用对象
股利贴现模型	$$V = \sum_{t=1}^{\infty} \frac{D_t}{(1+r)^t}$$ 式中，V 为每股股票的内在价值；D_t 为第 t 年每股股票股利的期望值；r 为贴现率	适用于红利稳定且易于估算的公司
自由现金流贴现模型	$$P = \sum_{i=1}^{n} \frac{FCFF_i}{(1+r)^i} + \frac{P_n}{(1+r)^n}$$ $(i=1,\ 2,\ \cdots,\ n)$ 其中对于贴现率 r 的选择最常见和科学的方法是加权平均资本成本： $$WACC = \frac{E}{E+D}r_e + \frac{D}{E+D}r_d(1-t)$$ 式中，P 为股票价值；$FCFF$ 为每年产生的期望现金流；r 为贴现率；E 为股权；D 为债权；t 为税率	适用于资本结构不变，长期盈利稳定的公司
剩余收益模型	$$P = BV_0 + \sum [RI_t \times (1+r)^{-t}]$$ 式中，BV_0 为账面的净资产价值；RI_t 为第 t 期的剩余收益；r 为贴现率	适用于拥有完整真实可靠的数据，对股东的要求报酬率有清晰明确界定的企业

资料来源：经相关资料整理。

股利贴现模型逻辑简单，便于理解和计算。但对于不发放股利的公司，显然无法使用。例如在成长期或者战略发展期的公司，其税后利润大多用于公司内部发展，大股东不愿意发放股利，而是选择将收益留存以期在未来获得更多回报。现金流贴现法在一定程度上弥补了股利贴现模型的不足，但是现金流贴现模型的前提假设是现金流为正，而且对公司每年现金流的预测和贴现率的选择比较困难。此外，陷入财务危机的高负债、现金流为负的公司也不适用该模型。剩余收益模型适用于评估新项目时，处在成熟期，盈利收入稳定，拥有完整真实可靠的数据，对股东要求报酬率有清晰明确界定的公司定价。

（二）相对估值法

相对估值法因计算简单方便且数据易得，深受投资者重视青睐。乘数类型很多，表5.2选取了几个我国资本市场广泛使用的乘数种类。

表5.2　相对估值法基本类型

乘数类型	基本公式	适用对象
市盈率	P/E = 价格/每股收益	适用于有往期盈利，能较准确估算未来盈利，周期性较弱，有一定可比性的公司。
市净率	P/B = 股价/每股净资产	适用于固定资产在企业中占比较大，风险较高的企业
市销率	① P/S = 总市值/主营收入 ② P/S = 股价/每股销售额	适用于以销售业务为主、销售成本率低或者很稳定的服务业上市公司估值；尤其适用于尚未盈利、资不抵债但是市场份额显著的公司估值
企业价值倍数	$EV/EBITDA$ = 公司价值/息税折旧及摊销前利润	$EV/EBITDA$ 倍数法和 PE 法的使用前提一样，都要求企业预测的未来收益水平必须能够体现企业未来的收益流量和风险状况的主要特征

资料来源：经相关资料整理。

二、科创板适用的定价方法

科创板上市公司定位于符合国家战略、突破关键核心技术、市场认可度高的科技创新企业，重点支持新一代信息技术、高端装备、新材料、新能源、节能环保以及生物医药等高新技术产业和战略性新兴产业，推动互联网、大数据、云计算、人工智能和制造业深度融合；IPO审核试点注册制，由中国证监会负责科创板股票发行注册，上海证券交易所负责科创板发行上市审核，因此，上市企业IPO定价也有别于沪深主板、深市中小板、创业板传统定价方法。

由表5.1和表5.2各个方法适用对象来看，绝对估值法因假设前提过多，科创板上市企业很难满足；相对估值法中，市盈率虽说应用广泛，但由于科创板企业盈利指标已非上市必要条件，无法适用于尚未盈利公司定价；而市净率比较适合拥有大量实物资产的企业，并不适用于多为专利等无形资产的科技创新类企业，因此最终筛选后确定市销率是比较适合科创板企业的 IPO 定价方法。具体分析如下：

首先，在科创板上市的企业大多处于生命周期初创阶段，需要大量资金促进自身的发展，公司内部几乎没有可以用来发放股利的盈余，大多股利发放很少，甚至不发放。因此，股利贴现模型无法使用。

其次，现金流贴现模型的假设和前提较为严谨，但科创板企业很难满足。聚焦于战略新兴和高科技产业的科创板上市企业大多属于信息服务和专业设备制造板块，市场定位和盈利份额在未来的一段时间内波动较大，因而每期现金流预测难度较大。此外，贴现率的选择也是一大难题。如果选择 WACC，而这些企业还未上市，就权益的资本成本即股东要求的报酬率也无法确定。

再次，剩余收益模型本身就存在一定的局限性：（1）该模型忽略了会计数据的非客观因素，有时管理层为了粉饰会计报表，会人为将一些应收提前计入利润，甚至有可能制造一些并未真正履行的合同来增加公司盈利，因此，该模型很难反映出公司的真实盈利水平。（2）会计准则不同，计算结果也会不同。除了该模型固有弊端外，处于幼稚期的科创板上市企业，会计报表有可能还不是很健全，加之会计期间还很短，数据的可得性较差。更重要的是，尚未实现盈利的科创板上市企业不存在剩余收益，不符合该模型设定。

最后，在所列举的相对估值法中，市盈率不适用于盈利少甚至亏损的拟上市企业；市净率也并不能很好地对实物资产占比较小的、具有较高服务和技术壁垒高成长性的通信和其他电子设备制造及软件和信息技术服务业等科创板企业估值；而市销率中由于主营业务收入或销售收入在公司损益表中是最方便易得的数据，且不会像利润类指标进行盈余管理，大多情况下不会出现负值，因此，对于科创板上市的盈利或亏损企业均可计算出有意义的乘数。

三、影响科创板定价的因素

经过以上分析可知，市销率法比较适合科创板定价，因而影响市销率计算结果的因素即为影响科创板定价的因素。

由表 5.2 可以看出，市销率的计算公式有两个。其中，公式①是从公司总量角度计算的，用到的数据也是公司汇总的数据；公式②是从微观层面考量的，是公司每股股价和每股销售收入，每股销售收入 = 销售收入/流通在外的普通股加权平均股数。从两个公式的分子看，总市值 = 总股本 × 每股股价，总股本 = 流通股本 + 限售股本，总市值不能简单地用流通股股数与每股股价相乘，一般来说，总市值是大于流通市值的。从分母的角度看，主营业务收入与销售收入的区别在于销售收入 = 主营业务收入 + 其他业务收入。在经营过程中，除主营业务收入外，公司还包括一些不经常发生、金额较小的业务收入，如材料和包装的销售、无形资产的许可、固定资产的租赁、包装的租赁、运输、废料的销售等。

根据上述公式可知影响市销率的因素大致可分为影响公司总市值、主营业务收入、股价和销售收入等四方面，而具体影响这四方面的因素见表 5.3。如果使用每股销售额数据，则还需考虑流通在外的普通股股数。而其他营业收入通常发生频率较低，金额较小，所以销售收入和主营业务收入在数量和影响因素方面区别并不明显。

表 5.3 影响市销率的因素分类

影响方面	因素	因素分类
总市值	企业的核心价值	（1）技术资产的价值 （2）市场份额的价值
主营业务收入、销售收入	企业的生命周期和盈利模式	（1）企业的生命周期 （2）企业的盈利模式
股价	二级市场行情和政府相关政策	（1）二级市场行情 （2）政府相关政策
	投资者对企业股票的购买意愿	（1）机构投资者 （2）个人投资者
流通在外的普通股加权平均股数	企业的融资需求和融资偏好	（1）企业的融资偏好 （2）企业的资金压力

资料来源：经相关资料整理。

（一）企业的核心价值

企业的核心价值是影响企业总市值的最核心因素，也是评估企业价值的基础，由于科创板上市的大多是处于起步阶段的信息服务类或医药类企业，固定资产在其总资产中占比较小，其最主要的资产是技术和未来大量的市场份额这种无形资产；而无形资产在评时因记录数据的欠缺，故评估难度较大。

1. 技术资产的价值

科创板上市企业资产中占比最大未来也最具有价值的无形资产是技术资产。而在评估技术资产价值时，要考虑的因素很多，包括技术的独特性、先进性。除了技术资产的正面效果，还有一些负面影响也需要考虑，例如消耗的资源、对环境造成的影响等。两方面都会影响技术资产的定价。

2. 市场份额的价值

除了技术资产，采用市销率定价的原因大多是这些企业拥有大量的市场份额。其基本思想是，如果企业占据了大量的市场份额，只要每单位盈利上涨一点，净利润上涨速度就有可能超过销售额的增长速度。所以在对企业的核心价值估价时，企业占有的市场份额至关重要。影响市场份额的因素很多，主要包括市场份额的年龄层分布、消费人群分布、竞争对手的业务成长性、未来市场份额扩大的可能性，该公司自身新开发的业务、新开发业务占有未来市场份额的可能性等。

（二）企业的生命周期和盈利模式

生命周期和盈利模式是影响公司主营业务收入和销售额的两个因素，科创板上市企业这两方面的共同点是实现资金的回收周期较长。

1. 企业的生命周期

科创板首批上市的科技、医药、互联网类企业大都拥有技术壁垒或者特色服务的优势，一般具有高成长、高投入、高风险特点，大多处于幼稚期或者成长期，在企业生命周期的初创期与成长期，需要大量资金来研发和扩产，融资需求较大，实现盈利周期较长，不能沿用以往传统方法对其现金流和盈利进行预测。

2. 企业的盈利模式

一般投资者都会偏好处在成熟期的企业，因为这些企业盈利稳定，股利分红稳定。而对处于初创期和成长期的企业，投资者会考虑其中的风险因素。因为实现盈利周期过长，会增加投资中的不确定因素。让消费者认知并最终接受一家新企业，需要经历一个漫长的过程。科创板企业的主要盈利模式是依靠其特有的技术和服务，拓宽自己的市场份额，几年甚至十几年后才能回收最初投入的大量资金。例如京东经营 12 年连续亏损了 11 年，在第 12 年才实现了扭亏转盈的局面。这样的盈利模式，如果用传统的现金流贴现或者股利贴现来估值，京东的连续亏损是满足不了这两种方法的假设的，因此，京东在纳斯达克上市时采用了市销率定价方式。

（三）二级市场行情和政府相关政策

政府政策总是根据当时经济环境颁布的，例如 2008 年金融危机爆发，随即我国实施了 4 万亿宽松政策。如果经济环境过热造成股价不合理上升，政府政策就会适时颁布，使股价降温；反之亦然。

1. 二级市场行情

在定价方法确定之后，IPO 最终发行价敲定还需参考当时二级市场行情。如遇行情火爆，投资者炒新热潮膨胀，便可适当调高发行价格；反之，若恰逢行情低迷，成交清淡，则应适当调低发行定价，否则很有可能导致新股上市跌破发行价乃至发行失败。

2. 政府相关政策

除了市场面因素，政府颁布的政策也会对股市造成影响。政府颁布的产业政策如果对某些行业构成利好，会导致这些行业股价上升。除此之外，政府颁布的宏观政策也会影响股市，例如宽松的货币政策会对股市产生积极影响，高税率会对股市产生消极影响等。

基于注册制的科创板，上市条件相对宽松，旨在设立中国版的纳斯达克市场。作为中国股市的“新生儿”，政府会持续出台完善扶植利好政策，是推动科创板企业股价上升的一个可期待因素。

（四）投资者的购买意愿

投资者的购买意愿是另外一个影响股价的重要因素。其中投资者包括机构投资者和个人投资者，任何一方的态度都将对股价构成不可忽视的影响。机构投资者购买意愿在股票发行阶段对股价影响比较突出，而个人投资者对股价的影响主要是在股票的流通阶段。

1. 机构投资者

机构投资者作为专业投资者，其购买意愿对股价的影响巨大。科创板的发行机制是询价制度，其询价对象全都是专业的机构投资者。询价的过程是收集这些机构投资者对股价的期望值及对股票的市场需求，从而获得最具有市场化的报价。因此，机构投资者对某一拟 IPO 企业的认购意愿很大程度上会影响其最终报价。

2. 个人投资者

除了机构投资者，大量散户也是科创板重要的投资者，“羊群效应”等非理性投资行为比较突出。科创板上市企业多为高新技术产业，投资者会看好其未来现金流和盈利前景，甚至会不理智地认为科创板上市的所有企业都是具有投资价值的，而忽视市场风险因素，加上炒新的惯性思维，有可能助推科创板上市企业股价不合理上涨。

（五）企业的融资需求和融资偏好

融资需求和融资偏好是影响其发行流通股数量的最重要因素。我国上市企业融资次序偏好股权融资的特点决定了其在资金短缺的情况下首选发股。处于发展初期的科创板上市企业，内源融资缺口较大，主要依赖 IPO 外源融资。

1. 企业的融资偏好

按照优序融资理论，在企业需要融资时，首先需考虑内部盈余，然后是外部融资。在外部融资中，债权融资可以起到避税等作用，是成本较低的融资方式，因此，债权融资要优先于股权融资。但在我国，大部分企业选择逆融资次序，即依赖上市进行股权融资。究其原因，主要是我国的制度安排存在缺陷，对股权融资的约束力较弱；同时，企业的税后利润只扣除了债权融资的成本，未涉及股权融资成本。这些因素导致上市公司总是偏好股权融资而排斥债权融资。

2. 企业的资金压力

处于创业初期的科创板上市企业，资金需求缺口较大，盈利周期较长，如果进行债权融资，不能完全保证每年支付固定利息。而且在我国股权融资有着隐性制度优势，资本市场的弱有效性和投资者的非理性行为也为科创板企业上市融资提供了便利。

四、科创板企业定价的确定

综上所述，市销率法比较适合科创板企业 IPO 定价。承销商会采用该法事先确定好一个目标价格区间。之后再通过“路演”向机构投资者询价，路演的目的是为了收集机构投资者手中掌握的信息，包括投资者的报价以及市场需求。实行询价机制是市场化的体现，询价机制使得市场上的供求双方直接进行交流，这样确定出来的发行价更能反映投资者的需求和市场对此次 IPO 的期望。在对询价结果科学处理后，结合上述影响市销率因素的综合分析，就可最终确定 IPO 发行价。需要特别强调的是，以上仅对影响市销率的因素进行了单独分析，但事实上，这些因素之间不是独立变量，他们也会产生错综复杂的相互影响，因此，需要全盘考虑，统筹决断。

第二节　科创板交易制度

为确保新设立的科创板交易安全、快捷，维护市场交易秩序，证券交易所须事先确立交易制度，明确证券交易原则、规则及禁则，并对各市场主体交易行为进行依法监管。基于注册制的科创板，其交易制度进行了全新设计，呈现出与现有的沪深主板、深市中小板、创业板许多不同之处。

一、科创板交易制度的独特性分析

（一）上市标准多元化

由表 5.4 可以看出，注册制的施行使科创板的上市标准淡化了盈利要求，更加强调研发投入与阶段性成果，凸显科创板重点扶持科技创新企业的市场定位。表 5.5 将科创板上市标准与现有其他板块进行了对比，可见沪深主板、深市中小板、创业板均对上市企业的净利润、经营活动现金流、营业收入、无形资产做出了具体单一的规定，对公司经营、资产规模也都设立了严格复杂的标准。而科创板在财务指标方面设立了“市值 + 净利润”“市值 + 营业收入 + 研发费用”“市值 + 营业收入 + 现金流”“市值 + 营业收入”及“自主标准”五选一多元化方案，充分考虑了科创板上市企业初创期发展阶段特征，也体现了让更多科创企业能够快速上市融资以扶植其做大做强的国家创新发展战略。

表 5.4 科创板上市标准

发行股本	3000 万元以上	
公开发行股份比例	公司股份总数的 25%；股本总额 >4 亿元的，公开发行股份的比例为 10% 以上	
市值及财务指标（至少满足一项）	市值 + 净利润	市值≥10 亿元，最近两年净利润均为正且累计净利润≥5000 万元 市值≥10 亿元，最近一年净利润为正且营业收入≥1 亿元
	市值 + 营业收入 + 研发费用	市值≥15 亿元，最近一年营业收入≥2 亿元且最近三年累计研发投入占最近三年累计营业收入的比例≥15%
	市值 + 营业收入 + 现金流	市值≥20 亿元，最近一年营业收入≥3 亿元且最近三年经营活动产生的现金流量净额累计≥1 亿元
	市值 + 营业收入	市值≥30 亿元，最近一年营业收入≥3 亿元
	自主标准	市值≥40 亿元，主要业务或产品需经国家批准，市场空间大，已取得阶段性成果。医药行业企业至少有一项核心产品获准开展二期临床试验，其他具有明显的技术优势并满足相应条件的企业

资料来源：根据相关文献整理。

表 5.5 科创板与其他板块上市标准对比

上市标准	科创板	主板	中小板	创业板	新三板
上市制度	注册制	核准制			注册制
财务经营	多元标准	最近 3 个会计年度净利润、经营活动现金流，营业收入、无形资产比例符合标准		最近 2 年净利润和营业收入符合标准	业务明确，具有持续经营能力
公司经营	无	3 年以上	无	3 年以上	2 年以上
资产规模	发行后股本 3000 万元以上	发行前股本 3000 万元以上	发行前股本 3000 万元以上；发行后 5000 万元以上	发行后股本 3000 万元以上	无

资料来源：根据相关文献整理。

（二）上市审核实行注册制

采用核准制的主板、中小板、创业板从排队到上市平均需要 2～3 年，即使是采用注册制的新三板，企业上市的时间仍然平均需要 6 个月。科创板上市审核要求上交所收到发行人的申请文件后，应在 5 个工作日内决定是否受理。受理申请文件后 3 个月内（不包括上交所问询的时间），上交所按照相关规定发表对发行人股票上市的审核意见。证监会收到审核意见和注册申请文件等资料后，在 20 个工作日决定是否同意发行人注册上市。

（三）上市企业筛选范围

1. 行业选择

科创板优先支持符合国家战略、有创新能力与关键核心技术、模式稳定成长性强、认可度高且形象好的企业。行业包括高新技术产业、战略新兴产业及互联网大数据产业中的新一代信息技术、生物医药、新材料与能源、云计算、人工智能与制造业结合等领域。拟上市企业科技含量高，符合国家发展战略，有较大的创新空间，以科技创新为企业发展驱动力，如实信息披露，有望推动国家经济高质量发展。

2. 允许红筹企业上市

红筹企业是指境外注册，但经营活动在境内的企业。以往红筹企业无法在国内上市，科创板允许有技术优势、财务指标符合其中之一的红筹企业即可上市：市值不少于100亿元或市值大于等于50亿元（人民币计价），且最近一年营业收入在人民币5亿元以上（包括5亿元）。

（四）配售制度

虽然科创板与创业板设立初衷相似，但配售制度安排有较大不同。由表5.6可以看出，与创业板相比，科创板扩大了发行与优先配售给机构投资者的比例，以鼓励机构投资者参与科创板投资；同时也减少个人投资者承担损失的风险，进而提高整个市场的风险承受能力。

表5.6　科创板与创业板发行配售比例比较

比较项目			科创板	创业板
发行配售比例	初始发行占公开发行股票的比例	发行股本≤4亿股	不低于70%	不低于25%
		发行股本>4亿股	不低于80%	不低于10%
	优先配售给机构的比例		50%	40%

资料来源：根据相关文献整理。

（五）投资者门槛

在已经发布的科创板交易规则中，在市场准入方面施行了投资者适当性管理制度，并制定了更为严格的投资者门槛（表5.7）。特别强调的是，证券账户及资金账户中的50万元资产，通过融资融券方式得到的不能计算在内，股票、债券、公募基金、资产支持证券或管理计划的份额、股票期权合约等可计算在内。个人投资者2年以上的股票交易经验时间，涵盖A、B股和全国中小企业股份转让系统进行投资的经历。

表 5.7 科创板与其他板块投资者门槛比较

比较项目	科创板	主板、中小板、创业板	新三板
资产限制	50 万元以上	无	500 万元以上
股票交易经验限制	2 年		

资料来源：根据相关文献整理。

（六）二级市场交易

1. 引入盘后固定价格

不同于现有其他板块，科创板引入了盘后固定价格交易，即交易系统在收盘集合竞价结束后，既按时间顺序又按当天收盘价进行申报撮合的一种交易方式，交易时间为每个交易日的 15：05—15：30，停牌的股票除外。收盘定价申报当日有效且单笔申报数量 200 ~ 100 万股（包含 200 股）。卖出余额不足 200 股的部分应当一次性申报卖出。盘后固定价格交易量、成交金额在完成结束后计入该股票当日总成交量、总成交金额。

2. 涨跌幅限制

由表 5.8 可以看出，与其他板块不同，正常竞价交易日的科创板将价格上涨与下跌幅度限制比例由 ±10% 放宽至 ±20%，且一定程度上借鉴了采用熔断机制的美国纳斯达克市场做法，上市后的前 5 日不设涨跌幅度限制。

表 5.8 科创板与其他板块涨跌幅限制比较

比较项目		科创板	主板、中小板、创业板
涨跌幅限制	上市首日	上市后的前 5 日无涨跌幅限制	两次 ±20%，合计 ±44%
	正常交易日	±20%	±10%；ST、*ST ±5%

资料来源：根据相关文献整理。

3. 申报数量和价格

科创板交易规则规定单笔申报数量为 200 ~ 10 万股；市价指令申报买卖的单笔申报股数为 200 ~ 5 万股之间，单笔申报的股数不再要求是 100 股及其整倍数。另外最小变动单位也可以根据股价不同进行设置，以此拉近股价较低股票的买卖价格，使得市场更加灵活。

（七）融资融券与股份减持机制

1. 融资融券机制

现有板块的融资融券交易机制规定只有在交易所上市交易满三个月的股票方可作为融资融券标的，而科创板发行上市股票当天即可作为融资融券标的参与交易。此外，科创板证券出借允许在股票承诺持有期内的战略投资者（如公募基金、社保基金等）参与成为出借人。

2. 股份减持机制

科创板对股东及高级管理人员减持比例做了详尽规定：在未盈利前第 4、5 个会计年度，控股股东、实际控制人减持发行上市前的股份应小于公司股份总数的 2%；实现利润后，当年的年度会计报告披露后的第二天，控股股东、实际控制人即可减持公司股票，对于有控制关系的，不管是同一控制还是双方单一控制，其直接、间接持有的上市发行前股份在上市 12 个月后才能转让或委托他人管理；核心技术人员持有公司上市前股票设有限售期，度过限售期后的 4 年里每年转让上市前股份≤上市时所持公司首发前股份总数 25% 的，减持比例可累积使用。

（八）退市制度

由表 5.9 可知，与创业板相比，科创板退市制度更加严格细化，并加强了退市制度的优胜劣汰功能，以充分保障科创板“进出”有序。退市整理期 30 个交易日是指上市公司在该阶段可交易的最长期限，不包括股票全天停牌的时间，并且停牌时间不得大于 5 个交易日。主动退市情形包括了主动撤回、转让股票、在其他交易所上市、股本和股权分布变化不符合上市条件、吸收合并或解散等。

表 5.9　科创板与创业板退市制度的比较

<table>
<tr><th colspan="2">标　准</th><th>创 业 板</th><th>科 创 板</th></tr>
<tr><td rowspan="2">财务类</td><td>连续亏损</td><td>4 年（或被暂停上市后未在法定期限内披露首个年报）</td><td rowspan="2">（1）主营业务大部分停止或者规模极低；
（2）经营资产大幅减少导致无法维持日常经营；
（3）营业收入或者利润主要来源于不具备商业实质的关联交易；
（4）营业收入或者利润主要来源于与主营业务无关的贸易业务；
（5）其他明显丧失持续经营能力的情形</td></tr>
<tr><td>净资产为负</td><td>2 年（或被暂停上市后未在法定期限内披露首个年报）</td></tr>
<tr><td rowspan="3">交易类</td><td>成交量过低</td><td>连续 120 个交易日累计成交量低于 100 万股</td><td>连续 120 个交易日累计成交量低于 200 万股</td></tr>
<tr><td>收盘价与每股面值</td><td>连续 20 个交易日每日收盘价均低于每股面值</td><td>连续 20 个交易日每日收盘价均低于每股面值，每日股票市值低于 3 亿元</td></tr>
<tr><td>交易股东数量</td><td>无</td><td>连续 20 个交易日股东数量低于 400 人</td></tr>
</table>

续表 5.9

标　准		创 业 板	科 创 板
规范类	审计报告为否定或无法表示意见	2 年半	1 年
	未改正财务会计报告中的重大差错或虚假记载	6 个月	4 个月
	未在法定期内披露年报或中期报告	3 个月	4 个月
	连续 20 个交易日股权分布不符合上市条件	暂停上市后仍不符合上市条件	暂停上市后仍不符合上市条件

资料来源：根据相关文献整理。

二、设立独特交易制度的原因

（一）IPO 注册制的全新要求

与现行核准制相比，注册制放弃证监会官方背书，缩短了审核周期，提高了审核效率，企业的发展潜力交给市场主体自行判断，更侧重事后控制。科创板一系列独特交易规则制度的设立就是通过放宽行政限制，提高市场化程度，进而倒逼作为市场交易主体的投资者尤其是中小投资者形成理性投资理念，练就慧眼识金的本领，筛选具有真正潜在投资价值的投资标的，一方面助力国家科技创新战略实施，另一方面获得较为理想的风险投资回报。

（二）投资者适当性管理制度实施

投资者适当性管理制度是指根据“将适当的产品提供给适当的投资者”的原则建立的一项制度。根据市场的不同特点，投资者适当性制度要求某些高风险金融产品的参与者必须具备一定的资质，法律法规对特定类型的投资者实行市场准入限制，其目的是为了切实保障投资者的合法权益，促进科创板市场功能的正常发挥，实现新设市场的平稳运行。科创板设立 50 万元资金和 2 年以上股票投资经验的准入门槛，一定程度上剔除了投机交易的小规模投资者，使财务状况良好、比一般散户更有经验、做决策较为理性、投资目标与风险承受能力较高的合格投资者与技术开发更新换代快、业绩不稳定且波动较大的科创板上市股票及股价涨跌幅度放宽至 ±20% 的风险投资方式相匹配。

（三）维护市场稳定

1. 满足交易需求，保持股价稳定

科创板在 15：00 正常收盘后，相较于其他板块多出了 25 分钟的盘后固定价格交易，投资者可以根据当日市场走势进行申报操作。除了竞价撮合的时间外，投资者可在该时间段以固定价格申报买卖，从而满足自己的交易需求，保护投资者权益。此外，这一做法还降低了来自追踪收盘价的大额交易的冲击，保持了股价稳定。

2. 防范企业上市套现

由于科创板上市的科技创新企业发展前景的不确定性，原始股东的风险投资大多选择上市退出，因而股票套现行为在所难免。因此，针对企业控股股东、董监高管理人员、核心技术人员实行更为灵活有效的股份减持制度，一方面可维持公司股权结构稳定，提升公司可持续经营能力；另一方面也可避免上述各方大幅集中减持引起股价过度波动，扰乱市场交易秩序。

（四）增强市场流动性

增强市场流动性的制度包括放宽了上涨下跌的幅度限制，上市前5日不设涨跌幅限制，正常交易日涨跌幅度放宽至20%；单笔申报数量不再要求100股及其整数倍，最小变动申报价格单位视不同股价而定，以降低低价股的买卖价差；上市首日即可作为融资融券标的等灵活多元举措增强了市场的流动性，加大了科创企业吸引资金力度，放大证券供求，增加交易量，调动了投资者的积极性，开拓了证券公司的融资渠道，鼓励证券公司研发新产品，开拓与众不同的盈利方式，反过来又会进一步提升市场流动性，最终形成良性循环发展模式。

（五）退市机制保障市场优胜劣汰

1. 注册制下上市常态化，退市也需常态化

成熟健康的资本市场有进有出，科创板试点注册制背景下，上市审核时间变短、效率变高，上市将常态化，相应地退市也应常态化，否则只进不出，市场将成为堰塞湖。注册制打破上市难桎梏，退市制度也会随之严格实施，上市退市常态化的优胜劣汰机制可为科创板企业流动性奠定良好基础。

2. 上市标准多元化，退市标准多元化

与上市标准情形多元化相对应，科创板退市情形也分为了三类：财务类、交易类和规范类。其中，财务类退市情形规定了亏损与净资产的指标；与上市标准引入市值指标相配套，交易类退市情形规定了成交量、收盘价与每股面值、股东人数指标；规范类退市情形，严格了信息披露和公司规范运营指标。

三、进一步规范运行我国科创板交易制度的建议

（一）加强投资者教育

1. 了解科创板交易制度变化

作为新设板块，从上市条件、二级市场到退市制度，科创板均比其他板块有

很多创新。投资者需要充分了解并熟记于心，才能做到有的放矢。投资者需要清醒认识上市审核标准及涨跌幅限制的放宽、退市制度强化等均意味着风险收益不确定性增大。此外，投资者还应当了解自身是否达到准入门槛要求及二级市场上申报数量和价格的变化等新规。投资者可通过上交所官网中的科创板投资者教育专栏获悉相关资讯。此外，交易所还应充分利用各类新媒体、互联网平台，开发相应的 APP 供投资者学习使用。

2. 增强投资风险意识

注册制下的科创板上市企业大多具有高风险特点。因受市场环境和自身因素限制，在投资新设板块时，投资者容易忽略其中风险。因此，在全面了解科创板各项交易制度基础上，投资者还应增强风险意识，通过信息披露充分认识退市制度及二级市场交易风险，并采取积极主动策略对冲风险。

（二）设立投资者保护基金

注册制放宽了企业上市盈利要求，未来将会有大批科创企业登录科创板。而科技创新企业具有风险大、回报周期长特点，投资者遭受损失的风险较高。投资者保护基金不仅可以补偿因市场主体违规操作带来的损失，还可增加投资者投资科创板积极性。投资者保护基金的资金可根据情况由上市公司、保荐机构和做市商共同承担，一方面有利于规范这些市场主体行为；另一方面也有利于防止风险，防止进一步扩大引起的市场恐慌。

（三）实行混合做市商制度

混合做市商制度是指在传统竞价交易制度中引入做市商制度，该制度具有报价驱动和委托指令驱动双重特性，可以增加市场的流动性，使市场价格更加合理；双边报价服务还能降低信息成本，使股票价格更能体现企业价值。注册制实施在增加科创板股票上市供给的同时，也增加了频繁大宗交易的需求，因此，亟须借鉴美国纳斯达克等成熟市场经验，引进混合做市商制度。此外，混合做市商制度还可培养更多优秀的机构投资者，有利于优化科创板投资者结构。

（四）降低交易成本，提高市场活跃度

为提升科创板市场活跃度，形成良好的交易环境，保障科创板交易制度顺利实施，还应降低包括搜集成本、信息成本、议价成本、操作成本、决策成本和监督成本等在内的交易成本。加强信息披露可以降低搜集成本和信息成本，做市商制度可以降低信息成本和议价成本；交易所还可以通过制定统一、规范的合约文件降低操作成本；投资者教育可降低投资者的决策成本；监督成本可通过监管部门制定更加细化的交易规范，约束市场主体行为，提高违约成本等举措降低。

（五）退市制度强化

严格落实退市制度是科创板形成健康、稳定资本生态圈中非常重要的一环，科创板“史上最严退市制度”需要最强执行力保障退市制度顺利实施。加强执行力度首先应当强化信息披露制度，对于不按要求进行披露的上市公司等市场主体应当严惩。除中国证监会等监管部门应扩大监督范围、加强监督力度外，中国证券业协会、上海证券交易所等自律组织，金融机构、投资者、社会公众、大众媒体等利益相关者均应参与监督。监管部门应确保沟通渠道通畅，以便形成多方位监督合力。

第三节　科创板上市公司信息披露制度

作为注册制的核心内容，充分完备的信息披露是注册制成功实施的制度保障。科创板上市规则对信息披露提出了更高的要求，不仅强调了重点信息的披露，而且对披露责任主体和审核标准也做了进一步改动和细化。

一、科创板信息披露制度特点

（一）强调了上市公司重点信息的披露

根据科创板上市公司的特点和市场定位，上市规则中对于公司行业特点和经营风险提出了着重披露要求。

1. 强调行业信息披露，契合科创企业的市场定位

由于科技创新型企业所处行业特点较为突出，行业内部发展模式、技术、产品更新较快，不同研发阶段公司可能存在着不同的价值变化，普通投资者很难客观地对公司及所处行业进行了解和认识，因此科创板上市规则中行业信息的披露，特别强调对所处行业基本特点、主要技术门槛、核心竞争优势、研发支出金额等信息的披露，使得披露信息更具针对性，很好地契合了科创企业的市场定位。

2. 经营风险披露有助于投资者及时获取科创企业发展状况信息

注册制为一些尚未盈利的企业提供了上市机会，上市门槛降低的同时，投资者对于这些企业发展前景的判断难度也在增大。因为科创企业在研发和经营过程中，随时面临着研发失败、价值下降的风险，因此上市规则中针对企业应该及时披露尚未盈利、业绩大幅下滑的原因和对公司发展不利因素等信息的要求，有助于投资者及时获取企业价值可能变化的信息，和企业未来发展前景、科创能力变化的信息，强化投资者对于投资风险水平的认知。

（二）信息披露审核“新三性”要求

由表5.10可以看出，科创板信息披露审核要求由“老三性即真实性、准确性、完整性”向“新三性即充分性、一致性、可理解性”转变，形成了各个机构对于信息披露文件的层层把关。考虑到上市企业的行业特点和不断变化的动态发展情况，投资者在作出投资决策时很难运用原来的市场经验了解企业的相关行业动态，因此就需要证交所对企业披露的信息文件从充分性、一致性和可理解性的角度，进行信息披露的审核问询，督促发行人承担好第一责任人职责；同时督促中介机构切实履行信息披露的把关责任，减少信息披露造假行为的产生。

表5.10　上交所主板与科创板信息披露审核标准对比

对比项目	上交所主板（老三性）	科创板（新三性）
审核标准	真实性：强调披露文件应以客观事实或具有事实基础的判断和意见为依据	充分性：强调披露信息对投资者作出投资决策的充分程度和需要达到的水平
	准确性：文件信息应当客观，不得夸大其词，不得有误导性陈述	一致性：披露文件内容应前后一致、具有逻辑且无前后矛盾
	完整性：文件信息内容完整、齐备，格式符合要求，无重大遗漏	可理解性：披露信息应达到语言浅白、简明易懂、重点突出和易于理解程度

资料来源：根据相关文献整理。

（三）信息披露责任更加具体明确

与主板相比科创板上市规则进一步明确了信息披露审核和违规责任主体（表5.11）。

表5.11　科创板与上交所主板信息披露责任主体对比

对比项目	上交所主板	科创板
审核责任主体	发行人应对信息披露负责	发行人应对信息披露负责，保荐人、证券服务机构须对发行人的信息披露承担把关责任
违规责任主体	发行人、上市公司、相关信息披露义务人、董事、监事、高级管理人、破产管理人、中介机构	发行人、上市公司、相关信息披露义务人、控股股东、董事、监事、高级管理人、破产管理人、中介机构

资料来源：根据相关文献整理。

1. 强化了披露文件的事前风险防控和审核力度

保荐人、证券服务机构勤勉尽责是注册制试点顺利落地的重要基础。因此，科创板明确了除发行人外，保荐人、证券服务机构也必须作为发行审核责任主体，对发行人的信息披露承担把关责任，以发挥中介机构“看门人”角色，充分防控披露事前风险。

2. 完善了公司内部监督体系

控股股东作为企业的最直接利益相关者，企业上市后的价值、声誉等与其直接相关。主板市场上市规则中，将控股股东作为“其他信息披露义务人”范围，而科创板上市规则除了明确与主板相同的发行人、上市公司、相关信息披露义务人、董事、监事、高级管理人、破产管理人、中介机构作为信息披露违规责任主体外，还将控股股东单独列为信息披露的责任主体，构建了企业内部信息披露监督体系，避免了企业内部可能因委托代理问题产生的信息披露违规行为，增强了信息披露主体之间的责任关联性。

（四）重大交易、关联交易信息披露中引入了“市值”指标

由表5.12可知，主板、中小板和创业板市场在对重大交易、关联交易的信息披露中，均是将某一时间段内净资产作为公司该时段财务数据披露的重点，而科创板市场创新性地将“市值”指标引入到重大交易、关联交易的信息披露中。

表5.12　科创板与上交所主板信息披露重大交易、关联交易对比

对比项目		主板、中小板	创业板	科创板
重大交易披露标准	交易金额	占净资产10%以上，且绝对金额超过1000万元	占净资产10%以上，且绝对金额超过500万元	占上市公司市值10%以上
重大交易提交股东大会审议的标准	交易金额	占净资产50%以上，且绝对金额超过5000万元	占净资产50%以上，且绝对金额超过3000万元	占上市公司市值的50%以上
关联交易审议标准	董事会审议机构	交易额300万元以上，且占净资产绝对值0.5%以上	交易额100万元以上，且占净资产绝对值0.5%以上	成交金额占总资产或市值0.1%以上，且超过300万元
	股东大会审议机构	交易额3000万元以上，且占净资产绝对值5%以上	交易额1000万元以上，且占净资产绝对值5%以上	成交金额占总资产或市值1%以上，且超过3000万元

资料来源：《上海证券交易所科创板股票上市规则》《上海证券交易所股票上市规则》《深圳证券交易所创业板股票上市规则》《深圳证券交易所中小企业板上市公司规范运作指引》。

1. 标准的改动将满足不同阶段科创企业上市要求

相较于传统企业，科创企业在研发阶段很可能并不处于盈利状态，会出现投

入较大而收入甚微、暂时性亏损的情况，因此，此类具有极大发展潜力的企业很可能在原来的上市规则中并不存在上市机会。市值标准代替净资产标准作为新的企业测算指标，降低了企业的上市门槛，使得市场中不同类型、不同模式、不同发展阶段和财务特征且已获得较高市场认可度的科创企业有了更多的上市机会。

2. 标准的变动有助于形成一个更加合理的企业价值评判体系

科创板上市规则中，“市值”指标配合收入、现金流、净利润、研发收入和产品空间的5套差异化上市指标，契合了科创企业在研发过程中不同阶段财务指标变动情况不同特点，使得指标在评判公司价值时更加灵活，形成一个更加合理的企业价值评判体系。

二、“科创板＋注册制”下信息披露可能存在的挑战

科创板在为公司提供更包容的上市环境下，对信息披露提出了更高要求，上市公司、中介机构和监管机构需要保证披露质量。信息如何进行披露、审核和监管将成为未来科创板市场信息披露面临的挑战。

（一）监管机构信息披露监管专业性、灵活性要求更高

科创型企业具有行业壁垒高、研发投入大、技术更新快、经营风险大等特点，企业在研发的不同阶段会出现不同的潜在价值变化和新风险，因此证券监管机构无论是在事前对信息披露文件的审核、问询，还是在对公司上市后的事中事后监管中，可能会面临一些较为专业而又会影响投资者作出价值判断信息的处理问题，这就对监管机构监管过程中的专业性、灵活性提出了更高要求，对现有传统的监管方式方法构成了挑战。

（二）“新三性”信息披露要求标准难以界定

相较于原来的“真实性、准确性、完整性”的“老三性”要求，新审核要求提升了审核难度，强调监管机构在审核文件时，应保证企业披露文件的“充分性、一致性、可理解性”。审核标准提升的目的是对信息披露质量作出保证，使投资者可根据披露文件对公司拥有一定的价值判断，从而作出合理的投资决策。但由于不同投资者具备的价值判断水平并非完全相同，审核机构在对披露文件进行审核时，披露到何种程度才能达到可使投资者作出投资决策、便于一般投资者阅读理解、文件内容简明扼要、语言浅白的目的，或者如何将“新三性”细化成一套明确的审核标准及其界限界定，将成为未来科创板上市企业审核机构面临的难题和挑战。

（三）上市公司信息披露难度加大

在维持原有要求的基础上，科创板进一步明确和细化了披露标准和内容，给

上市公司信息披露带来了新挑战。

1. 上市公司披露要求更加细化

科创板上市规则中，不仅要求申请上市的企业要秉持原来真实、准确、完整、及时、公平披露的原则，而且进一步明确行业信息披露、分阶段披露、资源信息披露、和浅白语言等信息披露的一般规定。这一系列要求和规定的提出，无疑为上市公司的信息披露规范提出了进一步的要求。公司是否存在合理的信息披露制度、是否合法合规地进行信息披露及披露是否及时、准确、充分成为科创板上市公司未来可能面临的挑战。

2. 上市公司披露内容界限难以确定

科创板上市规则提出，公司应当披露能够充分反映公司业务、技术、财务等方面的重大信息，应对业绩波动、行业风险等相关事项进行针对性的信息披露，并对公司相关科研发展信息进行持续披露，但在披露过程中对于涉及的技术和商业秘密的信息应当如何处理和划定、持续披露过程中应将相关科研信息披露到何种程度等问题，都需要上市公司内部进行仔细分析和深入研究。

（四）中介机构承担责任加大

在科创板上市规则和审核规则中提出要明确中介机构“看门人”职责，说明了倘若发生信息披露违规事项，交易所可对中介机构处以“冷淡处理”等事后监管措施。因此与主板、新三板、创业板市场信息披露要求相比，这一处理的提出进一步明确了中介机构承担公司在上市过程中信息披露的把关责任。此外，中介机构在帮助公司制作、调查相关信息时，也应在“新三性”的要求下，力求公司披露的文件达到充分、一致和可理解，同时使用更加简洁易懂、重点突出的语言帮助投资者理解和判断公司价值，这无疑增加了中介机构的信息披露责任。

三、科创板并试点注册制下信息披露制度的优化

为确保科创板平稳运行，市场各相关主体应结合科创板自身定位，借鉴国际上其他注册制典范国家的成熟经验，建立以信息披露制度为核心的 IPO 注册发行审核体系。

（一）上市公司应符合科创板定位，披露自身实际情况

科创板拟上市的诸多科技创新型公司普遍存在轻资产较多但抗风险能力较差特点。为了更好地将这一潜在风险或价值向投资者展现，这些公司在相关披露文件中应及时就自身尚未盈利原因、团队稳定、科研投入、可能取得盈利的时间预测进行披露。涉及披露语言浅白程度、信息充分、可理解程度的要求与疑问时，

上市公司应积极与证券交易所进行沟通，及时咨询证券交易所的意见与建议。此外，有关公司内部当前技术秘密和商业机密的内容，上市公司还可灵活运用“暂缓及豁免披露”规则加以保密。

（二）借鉴国际成功经验，建立高效监管体系

如图 5.1 和图 5.2 所示，美国、日本等国注册制成功实施均得益于合理有效的监管体系支撑。美国证券市场形成的以 SEC 为监管最高权力机构，中介机构、自律组织、司法监督协助的分层次监管体系，不仅利用细化的层次和明确的分工极大发挥了各机构的监管职能、对投资者形成了保护，而且节省了监管成本、提升了监管效率。同样在注册制上实施较为成功的日本建立了以自律组织、行政监管部门为整体的信息披露事前监管，以证券监督委员会为主体的事后监督的“双监管”模式，不仅给予了自律组织足够的独立性，而且在保障信息披露有序进行的同时起到了保证信息披露质量的作用，具有较高的监管效率。

图 5.1　美国证券市场信息披露监管层次

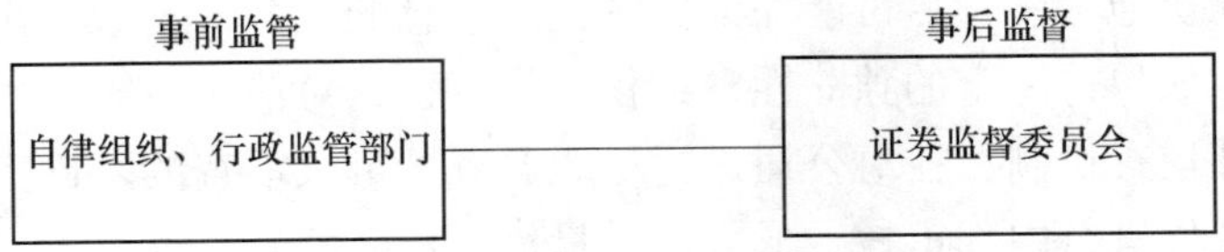

图 5.2　日本双系统监管模式

构建我国科创板信息披露监管架构应借鉴美、日经验（图 5.3）。中介机构应做好科创板上市公司信息披露文件的事前防控，形成第一道防线；在压实自身责任的基础上，强化证券交易所等证券市场自律组织的一线事中监管，进一步明确科创板相关文件披露的审核问询标准，及时向市场传达上市公司可能存在的市值波动原因；司法机构作为最后一道防线，应形成对科创板的事后保障。在证监会总体监督管理下，中介机构、证券交易所和司法机构三道防线不仅可以对投资者有效传达市场信息，而且还可震慑违法违规者，进而保护投资者利益。

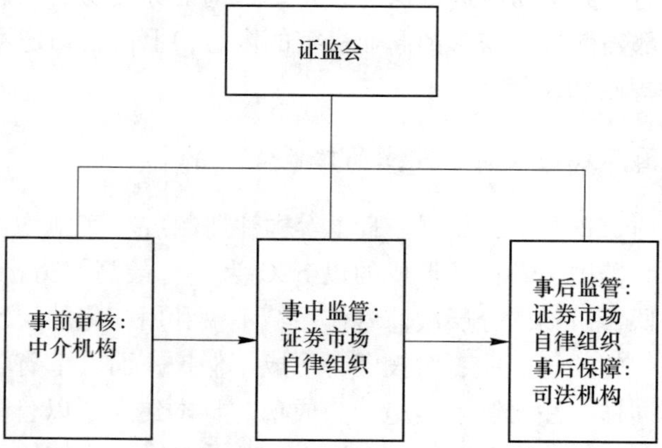

图 5.3　我国科创板信息披露监管架构

(三) 提升中介机构的执业技能与专业水平

作为新股发行的“看门人”，证券发行中介机构不仅要明白“新三性”的提出并非完全替代“老三性”作为审核标准，而是在原来真实、准确、完整基础上，进一步对公司的信息披露文件审核过程提出了更高要求。因此，中介机构需不断加强自身建设，深刻理解科创板上市规则和审核标准中对于上市公司信息披露做出的要求和机构自身的职责，提升专业水平。当需要对一些行业特点突出的科创公司进行审查信息披露文件时，可从专业领域吸纳行业人才进行相关的信息审核与监督和实地考察，尽可能保证披露文件信息的充分、一致和可理解性；并且中介机构应该保持一定的独立性，细化工作流程，对信息披露事项作出独立判断，完善内部核查机制，在对公司进行尽职调查、审核审查的基础上，组织力量对信息披露文件进行内部审核，形成高质量信息披露的另一道屏障。

(四) 加大信息披露违规成本

监管机构对信息披露违规处理是提升信息披露质量的重要保证。但近年来信息披露违规的处罚结果看，加大违规成本成为当务之急。

1. 提升违规行为的罚款额度

由表 5.13 选取的 2017～2019 年证券市场典型信息披露违规案例可见，我国证券市场信息披露违规成本与巨大违规利益存在严重失衡现象。不同类型的信息披露违规，证监会对公司和负责人作出的行政处罚中，除了给予警告外，顶格罚款也只控制在 60 万元、90 万元，显然这样的处罚力度与违规信息披露背后上市公司和控股股东潜在的巨大利益相比不足以形成震慑力。提升对信息披露违规行为的罚款额度成为市场各界的一致呼声，不仅在新修订实施的《证券法》中规定，信息披露义务人报送的报告或者披露的信息有虚假记载、误导性陈述或者重大遗漏的，处以100万元以上1000万元以下的罚款，对负直接责任的主管人员和其他直接责任人员给予警告，并处以50万元以上500万元以下的罚款；而且还采用利益倍数法，对企业和中介机构没收全部违法所得，并按违法所得的倍数进行罚款，对重大违法行为的处罚不手软，该顶格罚款决不轻饶，让重大违法者付出沉重代价。

表5.13　2017～2019年证券市场信息披露违规典型案例

年份	公司名称	违法情况	公司处罚	相关负责人员处罚
2017	宝利国际	对公司设立信息变更情况及与其他公司签订合约进展情况	责令改正，给予警告，罚款60万元	给予警告,罚款3万～30万元不等
	九好集团 鞍重股份	资产重组过程中，九好集团虚增2013～2015年服务费收入26亿余元，虚增银行存款3亿元等	责令改正，给予警告，罚款60万元	九好集团负责人30万元罚款、鞍重股份负责人3万～30万元罚款
2018	金亚科技	虚增收入和利润骗取IPO，上市后，虚增2014年利润8049万、银行存款2.18亿元、预付工程款3.1亿元	给予警告，处以60万元罚款	给予警告，并处以10万～90万元罚款不等
	华泽钴镍	未披露关联方非经营性占用资金、关联交易和提供融资担保情况	责令改正，给予警告，罚款60万元	给予警告，并处以3万～90万元不等罚款
2019	升达林业	未按规定披露对外提供重大担保、关联交易和重大诉讼	责令改正，给予警告，罚款60万元	给予警告，并处以3万～90万元不等罚款
	三维丝	未按规定披露关联交易、存在虚假记载等情况	责令改正，给予警告，罚款60万元	给予警告，并处以3万～30万元不等罚款

资料来源：wind数据库、证监会官方网站。

2. 完善投资者民事赔偿机制

一个更加完善的民事赔偿机制的形成，不仅可以形成对投资者利益的保护，而且也会抑制上市公司违规行为的产生。由于我国证券市场投资者分布较广。地域分散，投资者在自身利益受损想要对公司提起诉讼时，面临着诉讼成本高、诉讼程序复杂等困难，从而当上市公司发生信息披露违规行为获取收益时，投资者自身损失得不到赔偿，进一步助涨了上市公司违规行为动机的产生。因此，机制的完善须从简化诉讼程序，降低诉讼成本入手。新《证券法》为“投资者保护”设立专章，并新设“明示退出、默示加入”的代表人诉讼制度，即当投资者遭受了与信息披露有关的利益损失时，可以推举代表人进行诉讼，协商赔偿事宜。该条款有助于民事赔偿机制的完善，同时投资者积少成多的聚集效应也会加大上市公司违规成本，对其起到警示作用。

第四节　科创板退市制度优化

自2001年2月A股市场退市制度正式开启，退市制度经历了三次改革和调整，虽日臻完善但退市程序相对冗长，退市效率较为低下等问题仍然突出。实施注册制的科创板在退市流程、退市标准、退市执行三方面进行了改进，但仍存在一些不足之处，难以形成确保注册制顺利推进的配套保障，还需进一步优化。

一、科创板退市制度的改进

（一）简化了退市的流程

如图5.4所示，科创板充分借鉴最新的退市制度改革成果，缩短了退市时间，简化了退市流程，让优质企业得以上市，劣质企业最终淘汰，形成一种优胜劣汰竞争机制。

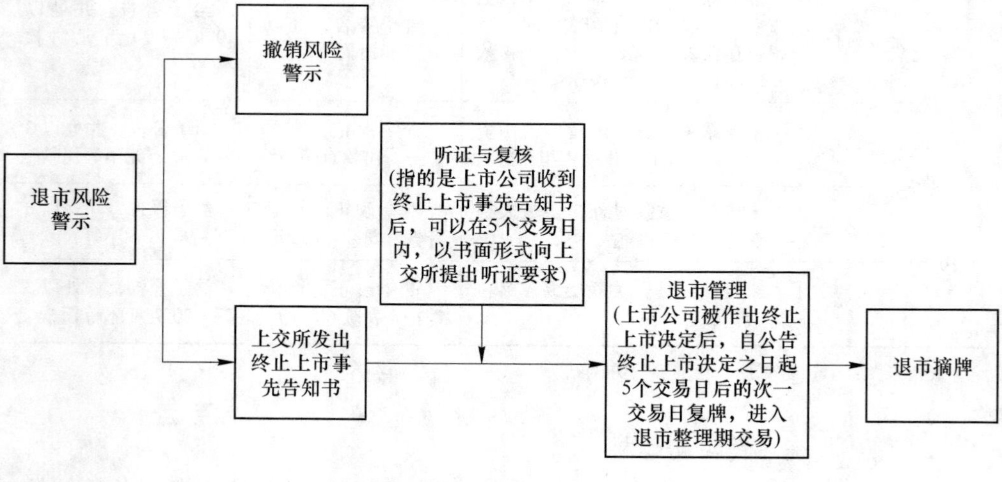

图5.4　科创板退市流程

1. 退市环节简化，退市时间压缩

为合理衔接注册制安排，科创板上市公司如若触及财务类退市指标，第一年即实施退市风险警示，第二年仍然触及财务类退市指标的将面临直接退市，取消暂停上市和重新上市等环节，不再设置专门的重新上市。上市公司从被实施风险警示到最终退市走完整个流程，将原本需要4年左右的退市时间缩短至2年之内完成，加快了整体退市进程，上市公司无法再通过各种手段粉饰财务数据来实现保壳、借壳上市，退市效率进一步提高。

2. *ST 股票不能进入风险警示板交易

为区别于其他股票，被实施退市风险警示的上市公司股票需在其简称前冠以“*ST”标识。与沪市主板不同，科创板已被实施退市风险警示的上市公司股票，在此期间不再被允许进入风险警示板交易，也不再适用风险警示板交易的相关规定。

（二）严格了退市标准

由表 5.14 可知，科创板退市标准在财务类、交易类、规范类、重大违法违规强制退市四大指标方面均进一步强化，集中体现了对于科技创新型企业“退市从严”的理念。

表 5.14　科创板退市标准的各类指标

财务类指标	资产指标	连续 2 年期末净资产为负
	利润指标	连续 2 年净利润或扣非净利润为负，且营业收入低于 1 亿元
	营业收入指标	
交易类指标	股东指标	连续 20 个交易日股东人数少于 400 人
	市值指标	连续 20 个交易日市值低于 3 亿元
	成交量指标	连续 120 个交易日实现的累计股票成交量低于 200 万股
	股价指标	连续 20 个交易日收盘价低于股票票面价值
	公众持股指标	（1）暂停上市 6 个月内，社会公众股东持有的股份连续 20 个交易日低于公司总股本的 25% （2）公司股本总额超过人民币 4 亿元的，低于公司总股本的 10%
规范类指标	增加信息披露或者规范运作存在重大缺陷等合规性退市指标	
重大违法类强制退市指标	明确了科创公司构成信息披露和公共安全等重大违法类退市情形	

资料来源：上交所科创板股票上市规则。

1. 财务类定量标准更加严格，并新增是否具有持续经营能力定性标准

（1）引入扣非净利润和营业收入的双重退市指标，提高规避退市难度。主板、中小板、创业板连续 3 年净利润为负，第 4 年净利润或扣非净利润为负值，连续 3 年营业收入低于 1000 万元，表明该公司主营业务出现极大萎缩，经营难以持续，这些强制退市指标规定显然过于宽松。

而科创板将 3 年会计期间缩减为 2 年，制定了连续 2 年净利润或者扣非净利润为负，且营业收入低于 1 亿元的双重退市标准。在科创板引入扣非净利润要求后，将有效遏止企业通过业绩粉饰规避退市，大大提高了上市企业因为财务指标不达标而被强制退市的可能性。

（2）新增定性指标——明显丧失持续经营能力。科创板除了设置净利润、营业收入及净资产等财务类定量标准外，还设置了关于是否具有持续经营能力的定性标准，为判断企业的经营资产和财务特征提供了重要依据。在该退市标准下，企业将无法通过出售资产等与正常经营业务不相关的交易来实现保壳，“空心化”公司将被直接退市。

2. 与上市条件相呼应，交易类指标新增市值标准

科创板设置了5种基于不同市值的上市条件，故在设立企业退市标准时，需相应考虑市值标准与上市条件相匹配。相较于其他板块，科创板构建了成交量指标、股东指标和市值指标，其中股票交易量、股东人数等交易指标做了调整，与主板，中小板相比趋严，较创业板有所放松；首次引入了市值指标——连续20个交易日股票市值低于3亿元。市值指标能综合反映上市公司的真实内在价值，将市值纳入退市规则有利于更好地发挥市场“优胜劣汰”作用，也促使科创板公司在做好主业经营的同时，时刻关注二级市场动向，与各类机构保持适时沟通，使公司市值得以合理反映。

3. 对接注册制，新增信息披露规范类指标

注册制以信息披露为核心，引入信息披露和规范运作两大指标正是与注册制相呼应，合理衔接注册制。上海证券交易所主板规则中主要关于会计报告出现虚假记载和重大差错，未按期披露定期报告及股权分布不符合要求等订立了退市标准。在原有退市指标基础上，科创板新增信息披露和规范运作存在重大缺陷两大合规性退市指标，强调结合科创板企业特点制定不同的信息披露规则，突出了以信息披露为核心的监管理念，提高了对上市公司信息披露质量与合规运营要求。

4. 信息披露和公共安全等重大违法行为将永久退市

科创板在重大违法类强制退市指标方面，充分借鉴最新退市制度改革成果，明确信息披露、公共安全等重大违法类退市情形，科创公司构成重大信息披露违法、欺诈发行或者涉及其他安全等领域重大违法行为的，将终止其股票上市，而且不得再提出发行上市新申请，永久退出市场。

（三）强化了退市标准的执行

现行退市制度的执行遇到的最突出的问题就是一部分上市企业因经营不善等原因导致其主营业务“空心化”，通过各种手段管理利润、规避退市。对此科创板在退市标准的执行方面做了相应安排。上海证券交易所在科创板股票上市规则中规定，在科创板上市公司如果出现表5.15情形之一的，诸如公司营业收入主要来源与主营业务无关，或主营业务规模极低、大部分停滞，或经营无以为继，抑或有证据表明该公司已明显丧失持续经营能力，那么上交所将按规定对其严格执行退市程序。

表 5.15　科创板上市公司退市情形

主营业务	大部分停滞或者规模极低
经营资产	大幅减少导致无法维持日常经营
营业收入或利润	主要来源于与主营业务无关的贸易业务
其他情形	明显丧失持续经营能力

资料来源：上交所科创板股票上市规则。

二、科创板退市制度后续优化建议

（一）退市流程需进一步简化

1. 可考虑缩短乃至逐步取消退市缓冲期

退市缓冲期的设置弱化了退市制度的实施效果，延缓了退市进程，也容易造成证券市场“保壳”投机行为。在适时考虑中国实际情况下，可逐一清理 ST 板块的劣质企业，对不符合上市标准的公司严格实施强制退市，增强退市的执行效力。

2. 退市复核需更加严格

从退市复核角度来看，美股复核阶段更为严格谨慎，要经过纽交所、纳斯达克市场和 SEC 的共同审核决定，而目前科创板的复核阶段主要由上交所复核委员会进行复核和决定。基于注册制的科创板退市复核阶段需要更加严格，建议由上交所和证监会共同审核裁定。另外，还可聘请专家小组组成专家委员会进行判定，对上市公司是否严格达标提出意见，增加退市标准判定的准确性。

（二）退市标准需更加明确细化

退市新规中添加的内容过于空泛笼统（表 5.16），难以严格认定，需进一步明确细化成新标准，以提升退市可操作性。

表 5.16　科创板退市标准中部分不明确定义

促进“僵尸企业”“空壳公司”及时出清	“僵尸企业”需要有法律层面清晰的定义
重大违法违规中的“重大”性标准	“重大”性标准依然模糊，上市公司以及投资者很难对于公司是否达到退市标准产生准确预期
公司不按照规定公开其财务状况或者对财务会计报告作虚假记载，可能误导投资者	如何界定“可能误导投资者”，《证券法》并未作出具体阐述
公司有重大违法行为	仅仅作为暂停上市的依据，而在终止上市方面没有被《证券法》予以考虑，造成暂停上市和终止上市的依据未能很好地衔接，总体上显得过于粗糙

资料来源：根据相关文献整理。

（三）引入做市商指标，解决流动性难题

美国纳斯达克是一个成熟的股票市场，其退市制度有很多值得我国科创板借鉴的地方。纳斯达克全球市场上市除了满足“持续上市”的最基本要求，即股价不得低于1美元，且至少需要有400位股东，还需满足三项维持标准中的至少一项，而三项维持标准中均规定拥有至少2～4位注册、活跃的做市商。前文中已提及可借鉴美国纳斯达克市场并结合我国实际在科创板实行混合做市商制度。做市商作为买卖二者的中介，解决了二者出价时间的不对称性，在市场冷清的行情下也可有效避免出现有价无市情况，增强投资者信心。因此，科创板退市指标中也可考虑引进做市商数量标准，以解决市场流动性难题。

（四）完善自愿退市体系

在中国自愿退市情形很少，主要集中在吸收合并退市，且以国有企业为主，旨在整合行业资源、做大做强品牌而选择吸收合并，并非因为涉嫌虚假信息披露和重大违法违规行为而退市。目前自愿退市最突出的问题是缺乏指导退市的具体量化标准，且退市程序不够清晰细致，缺乏可操作性。应从主动私有化退市、主动规避成本退市以及重整再生退市方面分类建立上市公司主动退市体系，分类制定可量化的退市标准，明确退市程序，健全相关退市管理细则。应本着促进退市便利、降低成本和保护投资者合法权益的宗旨，规范和量化上市公司回购、收购、兼并的具体条件与标准，以制度形式明确上市公司与投资者协商谈判、股份回购、溢价补偿等事项，增强主动退市制度的可操作性，切实维护投资者合法权益。

（五）建立多层次资本市场体系，打通股票退市后续通道

上市公司在一个较高层次市场退市，其股票并非不再具有内在价值，仍可在下一个层次市场流通。通过构建不同层次之间合理衔接又相对独立的多层次市场架构，可为不同板块上市公司退市提供后续通道。美国上市公司如不符合纽交所上市标准，可以选择退到纳斯达克，甚至可以退到OTCBB（Over the Counter Bulletin Board，OTCBB，美国场外柜台交易系统，又称布告栏市场，典型的第三层次市场）或粉单市场（Pink Sheet是一家比OTCBB更低一级的柜台交易报价系统）继续上市。多层次资本市场体系促进了美国不同市场间的流动性，使其退市制度灵活，发挥了优胜劣汰的作用。因此，建立从科创板到新三板再到区域股权交易市场，能上能下、互通顺畅的转板机制，是解决退市难题不可或缺的环节。

（六）建立退市保险及违约风险准备金制度

应实施严格退市制度，一步到位强制退市，倒逼科创板引入退市保险机制，

从而稳投资、稳股市、稳金融。具体而言，拟上市企业可在科创板上市时购买相应的保险，或每年提取一定比例的保险金，保费及保额可适时根据上市公司总体经营状况进行调整。当股票退市时，可用于对遭受损失的中小投资者给予一定补偿；另外，也可建立违约风险准备金制度，资金来源为上市公司年度利润的一部分，这一制度可在一定程度上起到稳定市场、促使企业合规经营的作用。

第六章 上市公司并购专题

企业并购是指企业通过购买目标企业的股权或资产，控制、影响目标企业，以增强企业的竞争优势、实现价值增值。企业并购是现代经济生活中企业自我发展的一个重要内容，是市场经济条件下企业资本经营的重要方面，通过并购，企业可以有效实现资源合理配置，扩大生产经营规模，实现协同效应，降低交易成本，并可以提高企业的价值。伴随着国内供给侧改革及混合所有制改革推进及中国制造 2025 国家战略实施，公司并购与重组尤其是资本市场上市公司间的并购与重组浪潮不断涌现。

第一节 央企上市公司并购重组

为了提升国际竞争力，需要进一步重组整合目前尚存在大量同质化竞争的 106 家央企。2015 年 8 月，中国证监会、国资委、财政部、中国银监会等四部委联合发文，鼓励上市公司通过多种方式实施兼并重组，优化产能结构，促进证券市场良性发展。上市公司并购契合了企业内涵式发展及经济结构转型升级的需要，具有广阔的市场空间。2015 年开启了以南北车合并为先驱的央企重组潮，出现了中冶集团整体并入中国五矿的典型重组模式，据此上市公司并购重组呈现出助力“供给侧改革”、承载国家战略和提升中国品牌竞争力的新特点。

一、央企重组进程

（一）南北车合并

中国南车股份有限公司（简称中国南车，601766. SH）和中国北车股份有限公司（简称中国北车，601299. SH）分别于 2008 年和 2009 年在上海证券交易所上市。2014 年 12 月 30 日，两家公司同时发布公告正式启动新设合并。

具体方案为中国南车吸收合并中国北车，中国南车向中国北车全体 A 股、H 股股东以 1：1. 10 的换股比例分别发行中国南车 A 股、H 股股票，即每 1 股中国北车 A 股、H 股股票分别换取 1. 10 股新发行的中国南车 A 股、H 股股票。2015 年 4 月交易先后获国务院国资委、证监会发审委、商务部批准，6 月 1 日合并完成。合并后的中国中车于 2015 年 6 月 8 日经监管部门核准分别在上海证券交易所和香港联合交易所成功上市，简称中国中车、CRRC，股票代码 601766. SH。

由46家全资及控股子公司组成的中国中车，总资产3000多亿元人民币，员工17万余人，总部设在北京。作为2015年度首笔战略并购，此次并购重组涉及交易价值762.3万元人民币，股权转让比例100%，开拓了央企并购重组的新思路。

（二）中国中冶整体并入中国五矿

作为一家国际化矿业公司，中国五矿集团旗下拥有五矿发展（600058.SH）、五矿建设（00230.HK）等多家上市公司，经营范围涵盖金属矿产、金融地产、矿冶科技等领域，海外机构遍布全球34个国家和地区。中冶集团（中国冶金科工集团有限公司）是全球最大、实力最强的冶金建设承包商和服务商，钢结构产能位居全国第一。

经国务院批准，中冶集团与五矿集团于2015年12月8日实施战略重组。中冶集团不再接受国资委直接监管，整体并入中国五矿，成为其全资子公司，两家央企重组后诞生一家资产规模超过7000亿元的超级央企。经过2~3年，逐步由战略和管理体系融合到业务融合，最终实现整体融合。这种自主选择的整体并购将成为未来央企重组的主流模式。

（三）央企重组潮

由图6.1和图6.2可以看出，自2010~2015年来，沪深两市央企及其控股企业重大并购重组次数和交易金额均逐年增加，形成了央企并购重组浪潮。图6.1显示，2010~2012年仅有个位发生次数，并购重组还属个案；2013年和2014年虽有所增多，但也只有十几起。而2015年一年就比2014年增加23次，

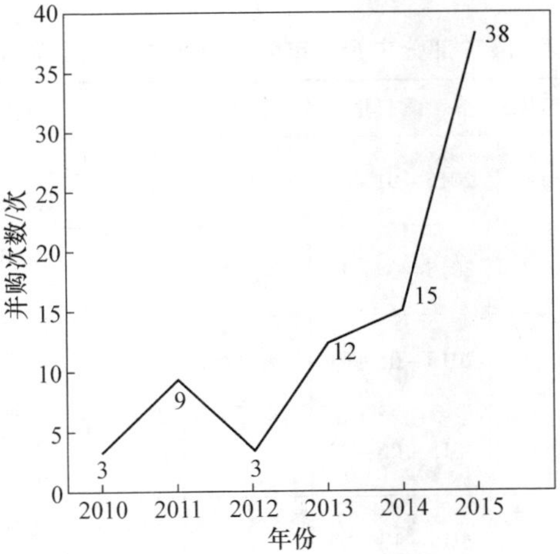

图6.1　沪深两市历年央企及其控股企业并购次数

（根据Wind数据库整理）

达到38次，几乎为前5年发生次数的总和。再看图6.2，2010~2013年间央企并购重组交易价值每年不足400亿元（人民币，下同），2014年也仅为610.60亿元。而2015年重组交易总金额直线上升，达到2447.7亿元，相当于前5年交易价值总和的2倍。

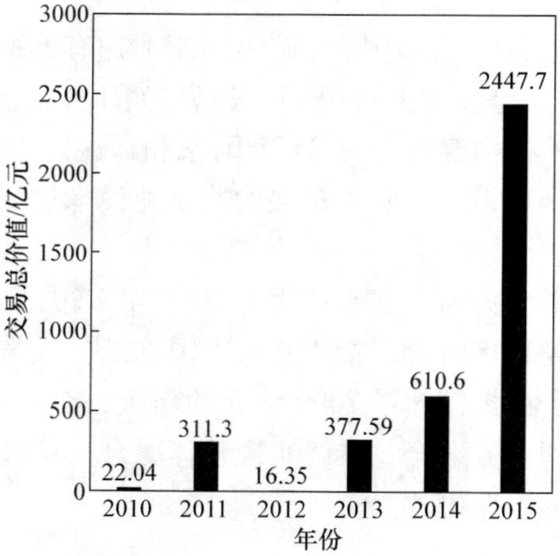

图6.2　沪深两市历年央企及其控股企业并购交易价值
（根据Wind数据库整理）

表6.1列出了央企重组潮中发生的部分央企上市公司重大并购重组事件。中国中车开启了央企战略重组，中冶整体并入五矿、中国外运长航整体并入招商局等案例体现了典型的重组方式。

表6.1　部分央企上市公司重大并购重组事件

序号	股票代码	股票名称	披露日期	进度	重组事件	重组类型
1	000798. SZ	中水渔业	2015-01-13	过户	中水渔业2.2亿元收购新阳洲55%股权	横向整合
2	600685. SH	中船防务	2015-04-10	完成	广船国际55亿元收购船舶制造业	横向整合
3	601766. SH	中国中车	2015-06-01	完成	中国南车吸收合并中国北车	战略重组
4	601669. SH	中国电建	2015-06-24	完成	中国电建收购8家公司100%股权	横向整合
5	600528. SH	中铁二局	2015-12-04	董事会预案	中铁二局定增及置换收购中铁山桥等四家公司100%股权	业务转型
6	601618. SH	中国中冶	2015-12-08	国资委批准	中国中冶整体并入中国五矿	战略重组

续表 6.1

序号	股票代码	股票名称	披露日期	进度	重组事件	重组类型
7	600026. SH	中海发展	2015 - 12 - 12	董事会预案	中海发展购买大连远洋 100% 股权	横向整合
8	000657. SZ	中钨高新	2016 - 02 - 02	董事会预案	中钨高新定增收购多家公司股权	横向整合
9	002057. SZ	中钢天源	2016 - 02 - 25	董事会预案	中钢天源收购 4 家公司股权	横向整合
10	601919. SH	中国远洋	2016 - 03 - 02	国资委批准	中国远洋购买中海港口等股权	横向整合
11	00144. HK	招商局国际	2016 - 03 - 15	全面实施	中国外运长航以无偿划转方式并入招商局	战略重组
12	002057. SZ	中钢天源	2016 - 03 - 23	国资委批准	中钢天源发行股份收购 4 家公司股权	横向整合

二、央企重组潮动因剖析

（一）提升市场势力

根据 Brandow、Stisle 等提出的市场势力理论，企业要在竞争激烈的市场中获得生存和成长空间，必然要扩充自己的实力。通过并购，企业一方面可以获得相关企业的客户、营销、技术及优质员工等资源；另一方面也可以减少市场上的竞争对手，相对缓和竞争，获得较大发展空间。

南北车一度竞争激烈，在国内，2010 年中国北车先后进入上海、福建、昆明等中国南车的地区市场。在海外两家也展开激烈竞争，由于南北车互相压价，即使中国北车以接近零利润价格进行 2011 年土耳其机车项目投标，订单最终还是落入一家韩国公司。而合并为中国中车后可以形成技术、管理、资源及市场等多方面的共享，提升研发效率及创新能力，同时避免恶意竞争，进一步推进中国高铁技术和高端装备制造产业走出去，大力提升国际市场竞争力。同样地，中冶集团与五矿集团实施的战略重组，也可以强化双方产业链互补，扩大其国际目标市场份额。

（二）实现协同效应

安德鲁·坎贝尔、蒂姆·欣德尔的协同效应理论认为，并购后新公司的整体效益应超过并购前两个企业各自效益之和，即“1 +1 >2”；基于并购产生的规模经济、优势互补、成本降低等公司经营的改善，实现提高公司效益的经营协同效应。南北车合并后在国内市场可以打破地域限制，实现全国市场范围的经营协作；在国外市场可在全球范围内将各自的子公司、制造基地等资源互联互通，从而加快构建全球化产业布局，统一海外市场策略，统一品牌形象。而在中国外运长航整体并入招商局案例中，招商局集团拥有全国70个中心城市的物流网络运作节点，中国外运长航旗下公司外运发展提供传统货运代理服务，两者将无缝衔接形成良好的经营协同。

（三）战略并购

罗伯特（M. C. Robert）、胥朝阳等人指出战略并购是符合企业发展战略方向的并购行为。后期学者如樊燕萍等结合我国国情充实了战略并购的含义，认为企业战略并购的出发点不仅仅是企业自身的发展战略，还应立足于国家战略。尤其在我国政府对企业，特别是国企、央企的干预程度较高情况下，一些大型企业集团的战略并购更需以国家战略为主导。

党的十八届五中全会以来，我国积极实施“一带一路”倡议、制造强国重要战略。南北车合并、中国中冶整体并入中国五矿、招商局与中国外运长航战略重组等，是国务院和国资委立足国际国内经济发展大局，贯彻落实中央深化国有企业改革战略部署的重大举措。可见，战略并购是央企合并潮的重要推动力。

三、基于央企重组潮的上市公司并购新特点

（一）央企并购助力“供给侧改革”

中央提出的加强“供给侧结构性改革”，其关键是促进过剩产能有效化解，推动产业优化重组。一直以来，央企采用扩张型为主的发展模式，造成煤炭、有色金属、金属制造、运输设备、电力等几大行业的产能严重过剩，亏损较大，PPI（生产价格指数）已连续呈负增长状态（图6.3），其中有色金属冶炼行业下降幅度最为明显，急需通过并购重组清理退出、资源整合，实现创新发展。

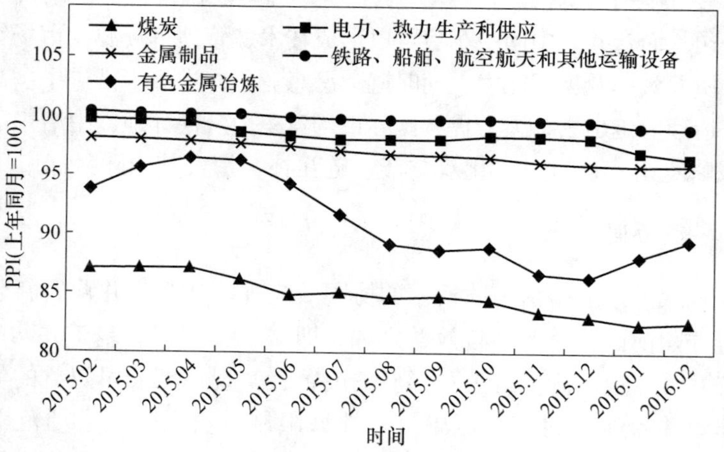

图6.3　几大行业PPI指数变化

（资料来源：中国统计局网站 http：//data. stats. gov. cn）

作为“供给侧改革”实现载体，央企并购重组就是通过调整自身产能供给、升级产品和服务类型等方式实现改革。中冶和五矿的战略重组是央企层面“供给侧改革”最具代表性的举措。重组之前中冶集团和五矿集团均出现亏损，中冶集团2015年第一季度亏损超过4千万元，其子公司金吉矿第二季度亏损近5亿元；五矿集团旗下五矿发展2015年第一季度亏损达到2亿元，旗下株冶集团前三季度亏损4600多万元。重组后，中冶可将持续亏损的矿产业务剥离给五矿发展等上市公司，承接其未上市的房地产业务以拓展利润来源；同时，五矿株冶集团可将其有色金属资产整合进中冶旗下锌业股份，进而腾出新壳来承接五矿旗下未上市的金融业务。重组使得两家央企的资本运作可以得到整合，改善产能结构。

（二）上市公司并购承载国家战略实施

适应经济新常态发展阶段，我国提出了一系列重大战略。“丝绸之路经济带”及“21世纪海上丝绸之路”的“一带一路”倡议，连接亚欧大陆和印度洋沿海地区，推进装备制造合作，实现产能对接，可以化解我国经济下行压力；党的十八届五中全会提出制造强国战略，实施《中国制造2025》；国务院推进“互联网+”行动，促进互联网与经济社会各领域深度融合，形成以互联网为基础设施的经济社会发展新形态。此外，我国还实施了东北振兴、京津冀协同发展等重要战略。

由表6.2可见，在2015年各个战略领域涉及的沪深两市上市公司87起重组事件中，8次涉及“一带一路”倡议，11起重组涉及有关制造强国，高达42次重组涉及“互联网+”行动，东北振兴战略也兴起了20起重组，6次上市公司重组与京津冀协同发展有关，这表明上市公司重组已成为实施我国国家战略的重要方式。

表6.2　2015年承载国家战略的上市公司重组次数

国家战略或倡议	上市公司重组次数
“一带一路”倡议	8
制造强国战略	11
“互联网+”行动	42
东北振兴战略	20
京津冀协同发展战略	6

资料来源：Wind数据库。

其中，南北车合并、“中铁二局”和“中国中铁”重组，对接“一带一路”国家倡议，铁路“走出去”将务实推进中俄、中蒙、中印、中泰铁路合作。“五洋科技”并购“伟创自动化”，双方技术协同使公司可为客户提供智能制造设计，转型升级中国制造。“万好万家”定增收购“翔通动漫”，推动了公司向移动互联网转型。互联网金融改造传统金融，电子商务整合传统营销模式，O2O 改善传统服务行业，而这些行业的整合也必然推动“互联网 +”行动有效实施。在区域发展战略方面，“红阳能源”收购“沈阳焦煤”，有利于振兴东北老工业基地；“神雾环保”收购“神雾工业炉”后，通过工艺对接实现综合成本和污染物排放双降，可在京津冀区域环境质量提升方面做出贡献。

（三）提升中国品牌竞争力

目前，相对而言，我国企业国际品牌影响力不足。其原因主要是国际化程度低、国际市场营销能力不强及缺乏大型企业集团。如图 6.4 所示，2015 年世界品牌 500 强中，美国拥有 228 席，占比 45.6%，遥遥领先于所有国家；英国虽以 44 个品牌位居世界第二，但仅占 8.8%；中国虽然排名第五，但也只有 31 个品牌入选，占比 6.2%，品牌竞争力与 14 亿人口大国和世界第二大经济体的地位不匹配。

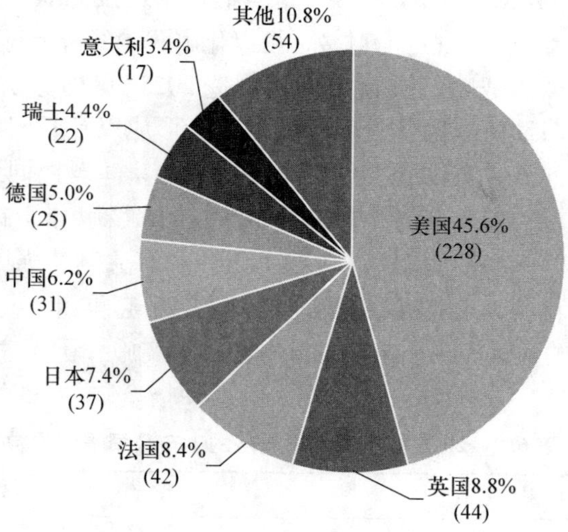

图 6.4　2015 世界品牌 500 强各国占比

（资料来源：世界品牌实验室网站 http：//www. worldbrandlab. com/world/2015/）

经历了 5 次并购浪潮后，美国出现了大量大规模企业，是其品牌竞争力远超其他国家的重要原因。比如排名第 4 的美国通用电气（GE），2015 年 9 月完成阿尔斯通电力和电网业务的收购交易，拥有全球过半燃气轮机市场；通过一系列并购重组，实现了公司多角化经营的战略，且公司每项业务均位于行业前列，成为其品牌的竞争优势。

同理，中国上市公司也开启重组潮，以期在频繁的整合渗透中，获取公司创新基因，形成规模和品牌形象，立足全球市场。中国高铁作为高端装备“走出去”的名片，受到越来越多的海外顾客青睐。挂牌后中国中车现有11个国家级研发机构、50个省部级研发机构和9家海外研发中心，拥有专利1.3万余件，有的专利技术参数优于欧洲标准。由表6.3可见，凭借强大的技术研发实力，仅2015年下半年中车就已签订项目1350余亿元，超过原南北车两家企业2014年销售收入总和。尤其是海外业务收入2015年比2014年增长59.4%，包括欧洲、澳洲等拥有铁路的西方发达国家和地区大多采购了中车产品，其国际品牌影响力借助战略重组得以提升。

表6.3　中国中车上市后订单

时　间	订　单	金　额
2016.03.24	广州地铁网轨检测车	未公布
2016.03.11	美国芝加哥846辆地铁车辆项目	13亿美元
2016.02.14	爱尔兰30辆铁路货车订单	未公布
2016.01.14	伦敦地铁订单	1000万美元
2015.08.25	宝鸡电气设备公司84台油田电机销售合同	未公布
2015.07.23	93列香港地铁列车订单	48.4亿元人民币
2015.07.19	合肥地铁2号线车辆	未公布
2015.07.09	乌兹别克斯坦电力机车订单	2.8亿元人民币

资料来源：中国中车官网 http：//www.crrcgc.cc/g4901.aspx。

第二节　上市公司协议收购——南北车合并为中国中车

上市公司收购分为协议收购和要约收购，协议收购大多为善意收购，目标企业同意收购企业的收购条件并承诺给予协助，双方高层通过协商手段进行并购。收购者在证券交易场所之外与目标公司的股东（主要是持股比例较高的大股东）就股票价格、数量等方面进行私下协商（相对公开市场而言，而非黑市交易），购买目标公司的股票，以期达到对目标公司的控股或兼并目的。采取协议方式收购上市公司的，收购人可以依照法律、行政法规的规定同被收购公司的股东协议转让股份。要约收购（即狭义的上市公司收购），是指通过证券交易所的买卖交易使收购者持有目标公司股份达到法定比例（《证券法》规定该比例为30%），若继续增持股份，必须依法向目标公司所有股东发出全面收购要约。

二者的区别主要体现在以下几个方面：一是交易场地不同。要约收购只能通过证券交易所的证券交易进行，而协议收购则可以在证券交易所场外通过协议转让股份的方式进行。二是股份限制不同。要约收购在收购人持有上市公司发行在外的股份达到30%时，若继续收购，须向被收购公司的全体股东发出收购要约，持有上市公司股份达到90%以上时，收购人负有强制性要约收购的义务；而协议收购的实施对持有股份的比例无限制。三是收购态度不同。协议收购是收购者与目标公司的控股股东或大股东本着友好协商的态度订立合同收购股份以实现公司控制权的转移，所以协议收购通常表现为善意的；要约收购的对象则是目标公司全体股东持有的股份，不需要征得目标公司的同意，因此要约收购又称敌意收购。四是收购对象的股权结构不同。协议收购方大多选择股权集中、存在控股股东的目标公司，以较少的协议次数、较低的成本获得控制权；而要约收购中收购倾向于选择股权较为分散的公司，以降低收购难度。五是收购性质不同。根据收购人收购的股份占该上市公司已发行股份的比例，上市公司收购可分为部分收购和全面收购两种。部分收购是指试图收购一家公司少于100%的股份而获得对该公司控制权的行为，它是公司收购的一种，与全面收购相对应。本节重点分析上市公司协议收购的典型案例——南北车合并为中国中车。

一、南北车合并过程

中国南车与中国北车都曾是我国制造业的重要企业，主营铁路机车车辆、城市轨道车辆、机电设备等业务。2014 年 12 月 30 日晚，中国南车与中国北车双双发布重组公告，正式宣布双方以南车换股吸收北车的方式进行合并，合并后的新公司更名为“中国中车股份有限公司”（以下简称“中车”）。

此次合并采取中国南车换股吸收合并中国北车的方式进行，即中国南车向中国北车全体 A 股换股股东发行中国南车 A 股股票、向中国北车全体 H 股换股股东发行中国南车 H 股股票，拟发行的 A 股股票申请在上交所上市流通，拟发行的 H 股股票申请在香港联交所上市流通，中国北车的 A 股股票和 H 股股票相应予以注销。

按照“坚持对等合并”等原则，南、北车合并后新公司名称为“中国中车股份有限公司”，简称“中国中车”。新公司同时承继及承接中国南车与中国北车的全部资产、负债、业务、人员、合同、资质及其他一切权利与义务。合并后新公司将采用新的组织机构代码、股票简称和代码、法人治理结构、战略定位、组织架构、管理体系、公司品牌等。

二、南北车换股并购支付方式的优势与劣势

（一）优势

第一，换股支付不需要支付大额现金，进而由资金链紧张而导致的经营压力和财务风险将大大降低。第二，换股支付能拓展并购范围和深度，由于没有现金压力，并购范围不受限制，可以大规模甚至多次并购。中国北车的资产规模巨大，换股支付方式使得中国南车减少了资金压力，使并购交易变得相对简单。第三，换股合并完成后，目标公司原股东持有主并公司或新公司的股票，这种方法

能够预防并购之后的消极整合，提高双方共同协商整合存续公司的积极性。中国南车与中国北车在换股吸收合并完成后，并非真正的合并结束，并购后中国北车的人员安置，企业文化的融合等问题也至关重要。要想充分发挥并购后的协同效应，在企业文化上双方人员都必须认同。如果使用现金收购，中国北车的股东相当于全部退出，后续的文化、资源等方面的整合效果就难以保证。第四，换股支付方式可以给中国南车节省大额交易费用以及税费，并且还能间接实现增发新股，对于中国南车而言有很多益处。正是因为换股支付可以达到合理避税，减少交易成本的目的，在现实情况中换股支付方式被越来越多的运用。

（二）劣势

虽换股并购容易导致主并方原有股东的控制权和股利被稀释，但南北车都属于国资委控制，合并也是由国资委主导，因此无须担心控制权转移的问题。但会出现股利收益也会相应随之摊薄的问题。即使合并后收益比以前更为可观，但限于整合程度并不能迅速发挥协同效应，至少要经历一段时间才能够提升每股收益，才能减少对先前股东的股利收益摊薄。

三、南北车并购动因分析

（一）技术因素：核心技术互补，拓宽业务范围

比起海外制造商的产品，中国高铁在性价比、交货能力、产品技术平台、售后服务上拥有一定的优势。但相对来说，品牌知名度不高，国际专业人才缺乏，在海外竞争上还有很长的路要走。南车、北车两家企业都是轨道交通产业的龙头企业，在核心技术研发与核心装备制造等方面都处于世界领先水平，但是由于整个轨道交通产业涉及范围极广，两家企业各有重点领域，例如南车在时速350千米/时的动车组制造技术方面优势最为明显，同时还是全国最大的城轨、地铁车辆制造商；而北车的时速200千米/时和300千米/时的动车组制造技术和牵引及网络控制系统等核心技术都处于世界前列。因此，两家企业合并后可实现核心技术互补，使得新公司能够在产业链的各个环节都有较强实力。另外，现在海外客户需求各异，不光是高铁动车组等高端装备，还包括城市轨道交通、城际轨道交通等技术及装备。两家企业合并之后也可以针对下属分公司的技术特点，有的放矢地进行竞标安排，使得业务范围进一步拓宽。

（二）价格因素：防止恶意价格战，降低成本，保证利润收益

南车与北车作为两家相互独立的企业，不仅仅在核心技术方面都是世界顶尖级别的，同时在市场开拓方面也不相上下。随着我国高铁技术不断走出国门，两家企业越来越多地参与到国外轨道交通项目的投标中，价格战也就在所难免，甚

至一些竞价已经超出正常范围，不仅使得企业丧失了利润，也引起了国外客户对我国技术水平及信誉的质疑。例如2013年初的阿根廷高铁项目竞标，南车旗下的子公司在一个有关409辆动车组车辆项目上价格远低于其他中国同类企业报价，导致阿根廷方面认为其他中企的报价不严肃，并暂停了上述公司已签约项目进程。而合并后，这样惨烈的价格纷争也将一去不复返，在保证价格竞争力的前提下可以提升企业的利润。

（三）战略因素：为配合我国“高铁走出去”战略，实现高端技术输出

南车、北车两家企业技术水平的不断突破以及国际声誉的稳步提升，使高铁成为我国高端技术输出战略的一张重要名片。自2013年10月访问泰国开始，国务院总理李克强开始了推动中国“高铁走出去”战略，积极推进两国铁路建设合作，而后又分别向澳大利亚、罗马尼亚、英国、埃塞俄比亚、津巴布韦等多国政府首脑积极推荐我国的高铁建设能力和丰富的管理经验，进一步推进我国高端技术走出国门的步伐。不仅仅是一些高铁技术不甚发达的国家和地区，总理的“高铁外交”还走进了欧洲，包括高铁技术先进的德国，希望德国允许资质好的中国企业竞标德国的高铁项目。合并后中国中车将组成一家科研水平、制造水平以及管理水平均更上一层楼的新企业，也将在国际上获得更多的关注和话语权。与此同时，新企业竞争力的提升也符合我国高端技术输出长远战略的需要，使得我国在该领域拥有一席之地，从而刺激其他产业中高新技术的创新和研发，推动我国从工业大国到工业强国的转型。

这一合并不仅能强力加速中国轨道交通装备业由“中国制造”向“中国创造”的转变，还将有力推动中国高端装备业的产业升级，推进中国由“制造大国”向“制造强国”迈进；顺应经济全球化和市场一体化的大趋势，也符合“一带一路”倡议以及我国优化产业布局、发展高端装备制造业的产业政策。合并后的中车公司不仅将成为全球高铁技术的最大供应商，更将巩固合并后的中车公司作为全球最大轨道运输设备制造商的地位。尤其合并后的实体公司将受益于更大规模、更高运营效率、更高研发效率、更低采购成本和统一的全球战略，将实现更高国际竞争力。

四、南北车并购的协同效应分析

（一）经营协同分析

2015年中国中车实现营业收入2419亿元，同比增长8.98%。其中，主业铁路装备的营业收入比上年同期增长了2.99%，保持了平稳增长态势。在大陆营业收入占比89.02%，同比上年增长4.51%，在其他国家或地区的收入占比10.98%，同比上年增长66.91%，无论在国内还是国际市场的业绩都较往年有

了较大的提升。可见，在不同的业务地区，南北车合并能够弥补周期性出口订单交付量不平衡缺陷，保证企业产品能够源源不断地输出，提高产品的市场占有率。

（二）财务协同分析

2015 年中车集团净利润比上年同期增长 9.27%，且中车集团 2016 年 1～6 月的净利润同期也增长了 1.86%，说明在短期内南北车合并快速推动了企业的成长。2015 年的数据显示中车集团的经营现金净流量较上年同期减少了 47.32%，并未获得正向效益。

（三）管理协同分析

成本收入比是反映企业成本控制的重要数据，比率越低说明企业在获得单位收入时所付出的成本更低，成本控制能力越强。在业务成本及其管理费用与营业收入比率表现方面，2015 年中车集团该比率为 89.02%，比上年同期增长 0.47%。出现此种情况的主要原因是产业结构、直接材料、直接人工、制造费用、工作性费用等支出的增长。

综合以上分析，可见南北车合并整体上提高了生产效率；整合了双方的核心技术和科技人才，突破了技术壁垒，带来了创新潜力；打通了大陆和国际市场，扩宽了销售渠道；避免了因恶性竞争造成的压价行为带来的国有资源的浪费。但短期内财务协同和管理协同效应不太明显表明存在后续整合的压力。

为此，首先，应由高层统一规划，积极整合两家企业各类资源，可按照国内与国外不同区域、铁路与城市轨道交通不同工程等进行分类，为各家子公司和各个生产基地有针对性地分配任务和订单，使得生产制造能力能够有效地转化成产品，不仅可以减少资源的浪费，还能加快订单提交的时间，提高客户满意度。其次，各家下属公司在尽量保持管理制度与原先一致的基础上，还需建立更好的内部竞争机制，增强高新技术的研发能力，在优化员工架构的同时推进企业发展。最后，积极效仿其他行业内已经成熟的巨头运营模式，国家相关部门也要加强监管措施，严格执行《中华人民共和国反垄断法》，防止行业内价格垄断发生，使得合并后的新企业能够立足于中国，着眼于世界，成为引领我国高端技术走出国门的“领头羊”。

第三节　上市公司要约收购

要约收购是指收购人向被收购的公司发出收购的公告，待被收购上市公司确认后，方可实行收购行为。通过公开向全体股东发出要约，达到控制目标公司的目的。要约收购是一种特殊的证券交易行为，其标的为上市公司的全部依法发行的股份。要约收购是各国证券市场最主要的收购形式，在所有股东平等获取信息的基础上由股东自主选择，被视为完全市场化的规范收购模式。与协议收购相比，要约收购要经过较多的环节，操作程序比较繁杂，收购方的收购成本较高。但是一般情况下要约收购都是实质性资产重组，非市场化因素被尽可能淡化，重组的水分极少，有利于改善资产重组的整体质量，促进重组行为的规范化和市场化运作。本节分析 A 股上市公司一起典型的要约收购案例——宝能要约收购万科事件。

一、并购事件概括

2015 年 1 月，宝能系掌门人姚振华通过旗下的前海人寿开始买入万科股份。2015 年 7 月 10 日，宝能共买入 5.53 亿股，持股已达 5%，开始高调举牌万科 A 股。所谓举牌，是指为了保护中小投资者利益，防止机构大户操控股价，《证券法》规定，投资者持有一个上市公司已发行股份的 5% 时，应在该事实发生之日起 3 日内，向国务院证券监督管理机构、证券交易所作出书面报告，通知该上市公司并予以公告，并且履行有关法律规定的义务。

2015 年 8 月 26 日，宝能系持股比例 15.04%，以 0.15% 的优势，首次超过了 20 年来始终位居万科第一大股东的华润，成为万科第一大股东。此后，宝能系通过多渠道、高杠杆募集资金，向万科发起数轮进攻，短短 160 天时间就将 26.81 亿股万科股票收归麾下，持股比例跃升至 24.255%。根据有关规定，30% 是上市公司股东要约收购红线。增持累计达到 30% 既可发起要约收购，也可按每年不超过 2% 的比例继续自由增持。若宝能系继续增持，万科则面临被收购的巨大危机。

此时，宝能系的行动已经获得广泛关注，万科及其余股东开始采取措施，2015 年 9 月 1 日华润增持至 15.23%。2015 年 12 月 18 日，为遏制宝能系的增持势头，万科管理层申请万科 A 股及 H 股停牌，拟实施“重大资产重组”。

2016 年 3 月 13 日晚间，万科发布公告，万科与深圳地铁签署合作备忘录，双方拟以万科向深圳地铁新发行股份的方式，进行交易对价 400 亿 ~ 600 亿元的重大资产重组。同年 6 月 17 日，万科董事会 7 : 3 通过引入深圳地铁重组预案。在进行重组期间，宝能系提案罢免万科所有董事，华润方反对与深圳地铁合作。

2016 年 7 月 4 日，万科 A 股正式复牌，一路跌停。恒大开始买入万科股份，最终持股 14.07%。宝能系再次通过旗下钜盛华买入万科 A 股 7839 万股，其对万科的持股增至 25%。2016 年 7 月 22 日，证监会介入宝万之争，严厉谴责涉事双方，置资本市场稳定于不顾，置公司可持续发展于不顾，置公司广大中小股东利益于不顾，严重影响了公司的市场形象及正常的生产经营，违背了公司治理义务。

2017 年 1 月 12 日，在持股万科 17 年后，华润方将持有的全部 15.31% 的股权以 22 元/股的价格协议转让给深圳地铁，不再持有万科股权。1 月 13 日，宝能表示欢迎深圳地铁，同时首次正式声明自己财务投资者身份。1 月 25 日，华润转让万科股权完成过户登记，深圳地铁持有 15.31% 股份，正式成为万科第二大股东。

2017 年 3 月 16 日，恒大将其持有的万科 15.5 亿股 A 股，约占万科总股本的 14.07% 表决权、提案权及参加股东大会的权力，不可撤销地委托给深圳地铁集团，由深圳地铁集团自行决定前述特定股东权利的行使，一年为限。同年 6 月 9 日，恒大和深圳地铁集团签署协议，以 292 亿元转让所持全部万科股权，深圳地铁对万科的持股增加至 29.38%，正式成为第一大股东。至此，为期两年的万科之争落下帷幕。

在 2016 年 7 月万科 A 股复牌后杀入股权争夺战的恒大，退出并非本意。但深深房和万科不可兼得，急于借壳上市的恒大，不得不退一步，放手万科。

二、并购动因

（一）战略扩张，抢占市场

宝能系旗下涉及多个板块业务，其中房地产是核心业务。但其地位与万科相去甚远。万科作为老牌地产公司，其品牌效应、社会关系及拥有的资源丰富且巨大。宝能此举若是成功，不仅可以借鉴万科的发展体系，利用万科的市场号召力及社会资源发展自身品牌，还能大大降低开发成本，实现经济协同效应。

（二）降低融资成本

企业能否顺利融资主要凭借企业的信用评级，信用评级是企业进入资本市场的通行证。评级越高，企业的社会知名度越高，企业融资范围越大，投资者的基础越好，融资成本越低，融资的成功概率也越大。宝能系有很多项目的融资成本已超过 10%，而万科的信用评级为 3A 级，其融资成本低于宝能系，一旦宝能系成功收购万科，其信用评级会上升，融资成本也会大大降低，宝能系未来的融资能力会大幅提升，对其未来发展影响深远。

（三）获得稳定的投资回报率

杠杆收购是指以企业本身相对少量的资金作为基础，以目标公司的资产或股权做抵押，通过在资本市场上筹集大量资金以达到并购需要资金的数量，从而对目标企业完成并购并且获得超额收益的特殊方法，宝能此次就是采取了杠杆收购方式并购万科。宝能系在此次股权之争中耗资约 400 亿元，其中前海人寿贡献的、通过万能险筹集的资金是主力。2016 年度，万能险占前海人寿所有保费收入的 80.2%。随着经济增长放缓及利率的下行，万能险的负债成本约为 7% ~ 9%，在此高负债的压力下，“万能险 + 股权投资”的模式催生了大规模保险公司举牌上市公司的行为。按照并购协同效应理论，一旦宝能持有万科 20% 以上的股权，对万科施加重大影响，其长期股权投资将转为权益法核算，万科公司的净利润将会不断流入宝能，使得宝能获得稳定的投资收益。

三、万科抵制宝能并购的原因

（一）宝能信用不足

正如宝能并购万科会使宝能的信用提升，与此同时，就会令万科的信用下降。万科最宝贵的财富便是其品牌、信用，长期积累的客户信任是一个企业得以发展的原因，一旦被宝能系控股，万科的信用评级就会被重新评定，宝能会拖累万科这一房地产市场中信用评级最高的企业，会令万科的融资成本上升，不利于其长久发展。

（二）宝能能力不足

无论资产规模还是管理能力，宝能均逊色于万科这一老牌房地产企业，宝能旗下的宝能地产与万科相比，并不具备完善管理万科的能力。

（三）利用杠杆资金，投资风险大

宝能此番大规模投入资金，其资金主要来源于以下几个方面：其一是通过出售万能险这一高现金值投资项目，将客户保费投入并购中；其二是通过集合资产管理计划，此次共融得 200 多亿资金；其三是以发行债券的形式进行融资等。无论以上哪种方法，风险均较大，会对宝能未来发展造成巨大压力。如若宝能成功并购万科，其风险也将部分转移到万科。

四、万科采取的反并购策略

20 世纪 80 年代开始，全球证券市场上的敌意收购行为逐渐增多，上市公司为了抵抗繁多的敌意收购而不得不采取行动。实践中，各国立法逐渐许可目标公司在被敌意收购时可以采取反收购行动保住其控制权不转移。常见的反收购措施有“白衣骑士”“毒丸计划”“驱鳖剂条款”“金降落伞协议”“绿色邮件”“焦土政策”“帕克曼战略”等。

（一）寻找“白衣骑士”

在股权之争的前阶段，安邦保险在宝能系成为第一大股东后，曾两次增持股权至7.01%，成为万科公司的重要股东，万科邀请安邦集团担任“白衣骑士”，以避免宝能集团与后者的联合。此外，万科于2016年3月，与深圳地铁集团签署战略合作备忘录。深铁集团为地方国企，实力雄厚、资金庞大，接收了华润15.31%、恒大14.07%的股份，最终以29.38%的股权稳坐万科第一大股东之位，成为扭转局势的关键力量。其作为战略投资者，支持万科管理层的管理模式，与万科强强联合，促进万科发展。

（二）采取停牌策略，与宝能系展开持久战

面对宝能的收购，万科于2015年12月18日发布紧急临时停牌公告，通过策划股份发行，用于重大资产重组及收购资产，尽可能稀释宝能系持有的股份，实质上是和“毒丸计划”有着异曲同工之妙。并且，即使万科集团无法获得2/3的与会股东支持已通过的公司重大资产重组方案，临时停牌也可以尽可能地拖延时间。宝能集团并购万科集团融资的400亿元，主要来自其旗下前海人寿的“万能险”、浙商银行合作的“银保产品”以及南方资管计划的筹集，三者均为杠杆资金。因此，长时间停牌会造成宝能系资金压力和持有成本的上升。当遭遇股市调整，溢价浮盈大幅减少，自身多个地产项目进展不顺后，随着时间拖延，可能引起宝能集团资金链断裂危机。

（三）充分发挥舆论的作用

万科集团对抗宝能集团的敌意并购还积极运用了媒体的作用。在宝能势如破竹，一举拿下万科第一股东之位时，万科管理层曾公开指责宝能为“野蛮人”，同时指责宝能方信用不足，抨击杠杆筹资方式会引发资本市场的剧烈波动，将宝能归为资本投机一族。通过抨击宝能的信用问题，同时暗示宝能系险资入市违规，引导舆论导向，让公众了解到了宝能集团险资入市的负面效应，使作为稳定资本市场重要力量的险资多次处于风口浪尖，一举一动都备受瞩目；随后，时任中国证监会主席斥责“资本大鳄”，宝能又被推至风口浪尖；与此同时，保监会也开始采取相应举措，在暂停前海人寿万能险业务后，也暂停了恒大人寿委托股票投资业务；之后形势急转而下，管理部门介入万科股权之争，最终以宝能成为没有控制权的“财务投资者”身份告终。

五、“宝万之争”并购启示

宝能与万科股权之争已经成为中国资本市场典型的并购案例，将推进中国资本市场朝着市场化、法制化方向发展。宝能的这场利用金融资本以小博大的敌意并购掀起的风暴使其成为中国金融资本并购的先驱者，其并购的经验与教训值得所有未来并购的利益相关者学习。

（一）上市公司应合理设置股权与投票权

出现万科之争的根本原因首先是万科未能合理设置股权和投票权。万科本是国有企业，在其后国企改制、股权变更以及上市过程中，均未能有效解决企业所有者缺位问题。在上市公司股权争夺中，与资本方相比，公司管理层总是处于弱势，没有控股权加持的管理者显得十分被动。其次万科的股权十分分散。原第一大股东华润一直是纯粹财务投资者身份，不插手万科经营事务。华润股份有限公司及其关联公司合计持有万科 A 股股份只占 15.23%。而包括王石、郁亮等高管在内的管理层持股总数只有 1% 左右。上市公司股权过度分散不仅不利于优化公司治理结构，同时也容易遭受“野蛮人”的入侵。加之万科是一家优质公司，是地产界的领军人物，自然成为不少有实力的企业家与投资家觊觎的并购对象。

（二）需关注公司章程中某些防御性法律设计的本土实用性

实践中可通过修改公司章程的办法引入一些美国常用的反收购条款，来保护自己避免成为被举牌的对象。但需要注意的是，很多适用于美国市场的反收购措施在中国市场是不适合的。比如在宝万之争中，万科试图启动所谓的“毒丸计划”。当所持有的被举牌方的股份达到 15% 时，被举牌的一方即可启动“毒丸计划”，公开发行新股，发行价格多为适时市场价格 50% 的折让，其目的是大幅稀释敌意举牌方已持有的上市公司的股份，但这一做法因违反了我国现行公司法下同股必须同权的原则而无法实施。因此，最切实可行的解决办法还是得从内部实质性提高公司的治理水平和营运效率。

（三）应充分考虑如何保护中小股东利益

自万科事件发生以来，社会舆论关注的焦点主要集中在以王石为代表的企业家和以华润、宝能为代表的大股东，中小股东利益保护未受重视。面对宝能的敌意收购，万科从 2015 年 12 月 18 日停牌至 2016 年 7 月 4 日复牌期间，多次延迟复牌，意图通过时间战拖垮大股东宝能。资本多数表决的现状，决定了小股东在面对管理层决定定向增发、停牌重组等重大事项时，没有能力和机会表达自己的利益诉求。长达半年之久的强制停牌严重影响了中小股东资金的流动性，复牌后股价下跌更是给中小股东带来巨大的经济损失。因此，如何保护股权之争中中小股东利益免受损害应是管理层需要考虑的议题。

（四）强化独立董事职责

“宝万之争”存在独立董事失职现象。独立董事需要做大量的调研、分析、搜集信息，在此基础上做出可行性分析，然后才能投票决策。此次宝万事件中，召开董事会之前，万科独立董事对绝大部分信息都不知情，而是会场中得知。此外，前独立董事于2015年12月辞职，但万科公告称，在下任独立董事因其辞职产生空缺前，现任董事将按照有关法律法规的规定继续履行独立董事职责。但在万科引入深圳地铁这一董事会关键性的重大议决场合，现任董事并未参会而是委托其下任独立董事投票，这不符合公司治理要求。仅仅因为自己请辞，就可以不问公司事务是对法规的误解。因此，为避免此类事件重演，需要进一步强化上市公司独立董事职责，必须做到真正独立，勤勉尽责。

（五）成功的经理人与成熟的企业文化是击退敌意并购的“驱鳖剂”

由该案例分析可以看出，险资看中的标的基本上都是第一大股东为地方国资、国有企业经营的上市公司。相对而言，此类上市公司风险管理意识较强，内部管理流程较规范，职业经理人及企业文化较成熟，而这些软实力与野蛮性的市场资本契合度较低，成为宝能恶意并购的最大阻力，并且文化融合及管理层认可成为最终击退敌意并购的“驱鳖剂”。

（六）合理监管杠杆资金的敌意并购

宝能利用金融资本进行以小博大的敌意收购是把双刃剑。借助杠杆收购，上市公司可以增强实力，淘汰落后企业，提高经营效率，整合分散的资源，形成具有竞争优势的大型企业集团，打造一支专业化的高素质职业经理人队伍；但是由于金融资本复杂性与多变性，其面临的融资与支付风险不同于企业之间的并购，这种高杠杆带来的并购风险如何衡量和降低也成为一项新的监管问题。

宝能系除了自有资金外，还以融资融券、收益互换、股权质押、资管计划、万能险保费等方式，撬动起4倍多的金融杠杆对万科股份进行收购。在当前分业监管模式下，不同监管机构对实质相似的业务存在不同的判断标准或实行不同尺度的规则，也给收购方留下了套利空间。虽然已有信息表明宝能系极致的资金组织方式在现有法规下并没有违规之处，但此种组织方式也确实蕴含了很多风险，需要针对这些漏洞加以弥补。

杠杆收购中收购人只使用少许自有现金，其余大部分来自银行抵押借款、机构融资和发行高风险垃圾债券等。而这些资金的承诺收益率则由被收购公司的资产与未来现金流作为还本付息担保。倘若收购失败，收购人就存在债务违约的可能性；且过高的杠杆收购会在违约行为真正发生时，通过连锁反应将风险放大，但最终损失的承担者却是银行系统、金融机构与广大投保人。在宝万事件中，万科股价一度下跌逼近宝能资管计划的平仓线。虽然之后股价反弹，但其距离资金链断裂风险也只有咫尺之遥。因此，如果收购方自身不对收购方式、融资方式等进行合理控制，也会导致公司控制权市场存在较高的杠杆风险，进而无法正常发挥其外部治理作用。

为此，证监会2020年3月20日发布的《上市公司收购管理办法》（2020年修订）对多个条款进行了重大调整，包括取消要约收购豁免申请、延长收购人锁定期至18个月、举牌者一律需披露资金来源等。此前，进行要约收购时，绝大多数情况下需要向证监会申请豁免发出要约，并需取得证监会的豁免批文方可增持，如今一律取消，要约收购操作流程大大简化，免于发出要约只需律师背书即可。至此，证监会对于要约收购不再设置任何行政许可。此外，收购人持有上市公司股份的锁定期由12个月延长至18个月。众所周知，若非第一大股东，持股5%以上但低于20%仅需披露简式权益变动报告书，而简式权益变动报告书此前无须披露收购股份的资金来源，此次做了重大修改，所有举牌者一律要求披露资金来源，以便进行监管。

第七章　资本市场法律法规修订专题

为保护投资者合法权益，健全资本市场法治体系，国务院金融稳定发展委员会强调进一步加快修订相关法律法规，强化法律责任追究，大幅提高违法成本，严厉查处近年来出现的各种欺诈违法案件，为满足人民群众财富保值增值等多元诉求营造良好的市场生态。其中包括《上市公司治理准则》修订实施，《中华人民共和国证券法》修订实施，探讨建立具有中国特色的证券集体诉讼制度，推动修订《中华人民共和国刑法》，大幅提高欺诈发行、上市公司虚假信息披露等行为的违法成本等。

第一节　《上市公司治理准则》修订

为认真贯彻落实党中央、国务院关于促进资本市场稳定健康发展的决策部署，进一步推动上市公司规范运作，提升公司治理水平，保护投资者合法权益，中国证监会于 2018 年 9 月 30 日修订并正式发布了《上市公司治理准则》（以下简称《准则》），自发布之日起施行。

一、《准则》修订的背景

《上市公司治理准则》的定位某种程度上是专注于公司治理本身提升的“基本法”，它应当位于《中华人民共和国公司法》《中华人民共和国证券法》之下，但又是处于公司治理最佳实践之上的一个原则性文件，应突出公司治理的一些核心原则和理念，比如股东、董事高管对公司的受信义务，董事会各项制度的核心价值以及如何看待公司利益相关者等原则。我国在 2002 年颁布的《上市公司治理准则》是在经济合作与发展组织（OECD）的倡导下完成的。而 OECD 原则在 1999 年颁布至今已经历了 2004 年和 2015 年两次修订，吸纳了很多市场新情况和公司治理的新经验和成熟做法，总体上促进了公司治理水平的不断提升。2017 年以来，包括英国、荷兰以及中国香港、中国台湾地区等成熟市场均对各自的公司治理准则或者规范进行了修订，反映出了各市场关注公司治理、希望通过治理水平提升促进市场竞争力的目标，这也为我们进行本轮修订提供了很多最新的借鉴参考素材。本轮我国准则修订完成一方面是对参与 G20（20 国集团）/OECD 有关公司治理准则相关承诺的履行，另一方面也是解决和满足长期困扰我国资本市场、上市公司治理领域问题和治理需求。

此次修订《准则》，始终坚持全面贯彻落实党的十九大精神，坚持以人民为中心的发展思想，立足中国国情，借鉴国际经验，在保留原《准则》对上市公司治理主要规范要求的基础上，适应境内外市场变化和公司治理发展趋势，增加了一系列新要求。按照有关立法程序的要求，2018 年 6 月 15 日 ~7 月 14 日，证监会在官方网站就《准则》修订向社会公开征求意见。证监会认真梳理研究反馈意见，采纳了合理可行的意见和建议，对征求意见稿作了进一步修改完善。

二、修订的重点

新《准则》旨在根据现有法律法规、自律规则以及实践中行之有效的公司治理和监管经验、境外市场公司治理立法和实践情况，着力规范资本市场各方行为、解决公司治理突出问题并进一步健全上市公司的治理架构和运作机制。

具体而言，新《准则》删除了旧《准则》中的 6 条规定，新增了 20 条规定。修订后的《准则》共 10 章、98 条，内容涵盖上市公司治理基本理念和原则，股东大会、董事会、监事会的组成和运作，董事、监事和高级管理人员的权利义务，上市公司激励约束机制，控股股东及其关联方的行为规范，机构投资者及相关机构参与公司治理，上市公司在利益相关者、环境保护和社会责任方面的基本要求，以及信息披露与透明度等。

此次修订的重点包括以下几个方面：

一是紧扣新时代的主题，要求上市公司在公司治理中贯彻落实创新、协调、绿色、开放、共享的发展理念，增加上市公司党建要求，强化上市公司在环境保护、社会责任方面的引领作用。

二是针对我国资本市场投资者结构特点，进一步加强对控股股东、实际控制人及其关联方的约束，更加注重中小投资者保护，发挥中小投资者保护机构作用。

三是积极借鉴国际经验，推动机构投资者参与公司治理，强化董事会审计委员会作用，确立环境、社会责任和公司治理（environment，social and governance，ESG）ESG 信息披露的基本框架。

四是回应各方关切，对上市公司治理中面临的控制权稳定、独立董事履职、上市公司董监高评价与激励约束机制、强化信息披露等提出新要求。

三、新《准则》的重大变更

相较于旧《准则》，新《准则》立足经济发展新时代，在保留上市公司治理主要规范要求的基础上，适应境内外市场变化和公司治理发展趋势，明确了上市公司的新责任，为投资者提供了新保障，对管理者提出了新约束，也为资本市场注入了新动力，从而构建起我国上市公司治理的新框架。

（一）将新发展理念贯彻于公司治理中

新《准则》第三条规定上市公司应当贯彻落实新发展理念，弘扬优秀企业家精神，积极履行社会责任，形成良好公司治理实践，明确公司治理应当健全、有效、透明，强化内外部监督制衡，并在后续条款中予以具体体现。第八十六条要求上市公司积极践行绿色发展理念，将生态环保要求融入发展战略和公司治理。第八十七条要求上市公司在社区福利、救灾助困、公益事业等方面履行社会责任，并对上市公司参与扶贫工作予以重点强调。

（二）对上市公司提出了新要求、新责任

上市公司作为公众公司，在凝聚社会财富的同时，也应担负起更大的涵盖政治、经济、文化等方面的社会责任。此次新《准则》增加了上市公司的党建工作与 ESG 信息披露要求，带有鲜明的新时代印迹。

1. 增加了上市公司党建工作的原则性要求

加强上市公司党建工作是全面从严治党的必然要求，把加强党的领导和完善公司治理统一起来是中国特色公司治理的重要内容。新版《准则》增加上市公司党建工作要求并非首创，《中华人民共和国公司法》（以下简称《公司法》）第十九条规定“在公司中，根据《中国共产党章程》的规定，设立中国共产党的组织，开展党的活动。公司应当为党组织的活动提供必要条件”。2015 年以来，针对国有控股上市公司的党建工作，中共中央曾专门下发《关于在深化国有企业改革中坚持党的领导加强党的建设的若干意见》，要求明确国有企业党组织在公司法人治理结构中的法定地位；中共中央组织部、国务院国资委下发的《关于扎实推动国有企业党建工作要求写入公司章程的通知》（组通字〔2017〕11 号）已经提出了“党建入章程”的要求。由此可见，将上市公司党建内容写入《准则》，体现了监管部门对于上市公司落实国有企业党建工作要求的充分重视，既是对以往规定的进一步强调，也是与上位法《公司法》的呼应。

考虑到不同类型公司承担的政治责任不同，《准则》对不同股权结构上市公司的党建工作做了区分。非国有控股上市公司，应当按照《公司法》的规定，设立党组织，开展党的活动，并且为党组织的活动提供必要的条件；对于国有控股上市公司，在此基础上还应将党建工作要求写入公司章程，明确公司党委是政治核心与领导核心；在民营控股上市公司，则需落实好党的准则，保障好党员权利，发挥好党组织和党员的作用。这些具体规定的程度较为适中，对一般上市公司而言，维持现行《公司法》要求即可，没有增加额外义务，给予境内外投资

者一个相对稳定的预期。

2. 新增 ESG 信息披露责任

ESG 信息披露早已成为学术界、企业界及包括 OECD 等诸多国际组织关注的主要话题，也是 MSCI 新兴市场指数、富时罗素指数等重要国际指数纳入指标中一个重要加分项，还是境外大型投资机构的资金配置标的。国际经验表明 ESG 信息披露不仅不会降低公司的绩效，反而有助于提高公司的盈利能力，降低系统性风险。近年来，我国资本市场对企业环境、社会责任和公司治理给予了越来越多的关注，一方面是由于公众意识对于经济可持续发展观念的增强以及政府监管力度的不断提升；另一方面，经济全球化的进程促使我国上市公司需要与国际市场关于 ESG 的观念和机制上实现更好的对接。

因此，新版《准则》第九十五条规定："上市公司应当依照法律法规和有关部门的要求，披露环境信息以及履行扶贫等社会责任相关情况。"第九十六条规定："上市公司应当依照有关规定披露公司治理相关信息，定期分析公司治理状况，制定改进公司治理的计划和措施并认真落实。"上述规定体现了公司治理水平不能仅靠财务指标来衡量，环境、社会责任等新发展理念同样也是公司治理水平的重要衡量指标。由此确立的 ESG 信息披露的基本框架，有利于上市公司不断改进公司治理，强化上市公司在环境保护、社会责任方面的引领作用，同时伴随着 A 股纳入三大国际指数，可与国际资本市场的 ESG 信息披露发展保持同步，有利于提升我国资本市场的国际竞争力。

（三）着力强调对中小投资者权益保护

作为以散户为主的国内资本市场的重要参与者，中小投资者受自身条件所限，较难保障其在上市公司中的合法权益。因此，近年来包括中国证监会在内的监管部门着力加强中小投资者保护，例如在《上市公司章程指引》《上市公司股东大会规则》等上市公司运作规范中加入中小投资者保护的特别条款，设立中证中小投资者服务中心以协助维护中小投资者的合法权益。基于现实需求和监管要求，新版《准则》中再次强调了对中小投资者的权益保护，将旧版《准则》中未包括，但其他现有制度已经明确规定的中小投资者保护制度，如"股东大会网络投票制度""董事、监事选举累积投票制度"等写入新版《准则》，并提出了一些新的制度安排。

1. 强调股东权利平等

新版《准则》第三条明确上市公司应"保障股东的合法权利并确保其得到公平对待"，这是新版《准则》新增的体现同股同权的股东权利平等原则。

2. 补充现金分红政策

新版《准则》第十条规定，"具备条件而不进行现金分红的，应当充分披露原因。”这是对《关于进一步落实上市公司现金分红有关事项的通知》《上市公司章程指引》的补充，为中小股东参与享有上市公司红利提供了更完整的制度保障。

3. 明确中小投资者保护机构职责

新版《准则》第八十二条规定：“中小投资者保护机构应当在上市公司治理中发挥积极作用，通过持股行权等方式多渠道保护中小投资者合法权益。”这是新版《准则》新增的对中小投资者保护机构积极参与上市公司治理的原则性规定，为中小投资者保护机构以更多元化的方式协助中小投资者维权预留了空间。

4. 强化了控股股东、实际控制人及关联方对中小股东的受信义务

以往遵循《公司法》框架下的股东的权利义务，将股东单纯看作是公司的“主人”，忽视其作为控股股东、实际控制人本身同样承担着对公司、对其他中小股东的受信义务。因此，在实践中，许多大股东将上市公司当成“提款机”，诸如控股股东、实际控制人利用在公司的控制地位和对公司的影响力，采取资金占用、违规担保、不当资产交易等隐秘手段侵占上市公司资源等违反相关承诺事项及违规行为屡见不鲜。此次准则修订中，对控股股东、实际控制人在诚信义务、承诺履行、保持上市公司独立性以及信息披露义务等方面均提出了新的要求，并将原先对控股股东的规定从第二章抽离出来，调整到第六章“控股股东及其关联方与上市公司”，约束主体范围由控股股东扩展到实际控制人和关联方。

5. 规范上市公司控制权争夺

随着近年来类似“宝万之争”针对上市公司控制权的收购事件增多，许多股权结构较为分散的上市公司纷纷在章程中设置反收购条款，包括限制股东权利、限制董监高的任免、增加对管理层的离职补偿金、提高特殊议案表决权比例、赋予董事会自主采取反收购措施的权力等，而其中部分不合理的反收购条款直接造成了公司治理僵局，影响了公司的正常运营。新版《准则》针对上述情况增加了相应条款，规范了上市公司控制权变动中的公司治理。

（1）明确不得剥夺或限制股东的法定权利。新版《准则》第七条规定：“上市公司章程、股东大会决议或者董事会决议等应当依法合规，不得剥夺或者限制股东的法定权利。”该条规定旨在规范限制股东权利、限制董监高的任免、提高特殊议案表决权比例等不合理的反收购措施。

（2）规范董监高的离任补偿。实践中为了抵御“门口的野蛮人”，许多上市公司赋予了管理层在提前被动离任时要求上市公司支付高额补偿金的权利。新版《准则》第六十一条规定：“上市公司章程或者相关合同中涉及提前解除董事、监事和高级管理人员任职的补偿内容应当符合公平原则，不得损害上市公司合法权益，不得进行利益输送。”这是针对不少上市公司在章程中设置一系列包括“金色降落伞”在内的反收购条款。这些条款设置的初衷是为了防范敌意收购，

维护公司控制权稳定，但实践中很容易成为公司控股股东、实际控制人利用其股东大会多数投票权之便，向关联方董事或管理层转移资金，构成关联方之间的利益输送，从而损害非关联方股东的合法权益。对离职补偿的公平要求，正是为了避免在上市公司发生控制权争夺时，中小股东的权利受到侵害。

（3）要求保持上市公司稳定。为了防止上市公司控制权争夺进入白热化导致公司治理僵局直至影响上市公司的正常运营，有效保障中小股东权利，新《准则》第六十七条明确规定，“上市公司控制权发生变更的，有关各方应当采取有效措施保持上市公司在过渡期间内稳定经营。出现重大问题的，上市公司应当向中国证监会及其派出机构、证券交易所报告。”

（四）完善董事会治理

董事会是上市公司内部治理的核心，其制度安排对上市公司发展及全体股东尤其是中小股东的权利保障至关重要。但由于我国资本市场股权结构相对集中，更倾向于“股东大会中心主义”，致使董事会在我国上市公司治理中很难发挥实质性作用。本次修订后的新版《准则》完善了董事会若干相关制度，通过强化独立董事履职要求、强制设立审计委员会、健全上市公司董事和高管人员的履职评价和激励机制等，进一步完善了董事会的组织结构与运行机制。

1. 规范独立董事的职权及职责

新《准则》第五节关于独立董事的条款由2条修改为4条，增加了关于独立董事职权以及独立董事职责更明确的规定。在旧《准则》中，上市公司只需对董事会决议进行披露。新《准则》第三十一条新增了对独立董事提出延期召开会议或者延期审议事项应当及时披露的要求。这一规定提供了解独立董事履职情况的途径，有利于提高上市公司治理的透明度。第三十七条新增规定独立董事应当按年度向股东大会报告工作，并在股东或董事之间发生冲突、对公司经营造成重大影响时，独立董事应当主动履行职责，维护上市公司整体利益。这一规定也是对实践中独立董事形式化的回应，完善独立董事制度，强化并规范独立董事的权限和职责，让其在公司治理的过程中发挥应有作用。值得注意的是，作为对独立董事的专门规定，《关于在上市公司建立独立董事制度的指导意见》（以下简称《指导意见》）颁布于2001年，迄今已有近20年历史，这些新规将为后续《指导意见》修订奠定基础。此外，《准则》进一步明确了有关董事会秘书职责的规定。近年来，董事会秘书作为上市公司治理要求和合规的具体执行人，承担起了公司治理相关机制落实的重要职责。新《准则》明确要求董事会和其他高管人员要支持董秘工作的开展，不得干扰董秘的正常履职。

2. 明确要求设立审计委员会

新《准则》第三十八条规定“上市公司董事会应当设立审计委员会”，此前上海及深圳证券交易所在2018年新修订的《股票上市规则》中已经明确了这一制度，新《准则》在第三十九条进一步补充强化了审计委员会的职责，增加了审计委员会监督及评估外部审计的工作职责和其他兜底职责，意在通过审计委员会增强上市公司内部控制和风险管理。

旧《准则》对董事会专门委员会的设立只做了任意性规定，本轮《准则》修订将董事会下设的审计委员会规定为强制设置，且独立董事应占多数席位、召集人应为会计专业人士，这一规定旨在强化董事会审计委员会在公司财务审计方面的监督作用。《准则》的修订符合国际资本市场的发展趋势。中国台湾证券交易所于2017年6月出台规定，2018年起申请IPO的公司需强制设置审计委员会，并强化了审计委员会责任、职能和透明度；加拿大证券管理局（Canadian Securities Administrators，简称CSA）也于2017年11月在一次对外征询意见中，建议上市公司审计委员会所有成员都必须是独立董事。

在实践中，上市公司董事会设立审计委员会的比例已经超过90%，但其中独立董事的比例较低，导致专门委员会集体决策机制难以发挥作用。因此，除了强制性设立审计委员会，独立董事应占多数席位的规定更加强调了审计委员会的独立性和专业性，发挥独立董事的作用，完善董事会的运行机制，从而加强上市公司的内部控制和风险管理。

（五）健全履职评价及激励机制

在旧《准则》的基础上，新《准则》就健全上市公司相关人员的履职评价及激励机制事宜上新增了两个亮点。

1. 引入第三方绩效评价机制

从国际公司治理实践看，美国董事会治理不是仅仅停留在满足设置相关治理机构的合规要求，还对董事高管履职提出了更高要求，标普500指数的上市公司每年都必须提交对董事会的评价报告。2017年1月，印度证监会（Securities Exchange Board of India，SEBI）也对公司董事进行了绩效评估，以提高公司治理水平。我国关于对上市公司董事和高级管理人员的绩效评价，旧《准则》由董事会或其下设的薪酬与考核委员会负责，属于内部考核；新《准则》在旧《准则》基础上引入了第三方评价机制，规定上市公司可委托第三方开展绩效评价。第三方评估结果相对而言更具备独立性和专业性，这将有助于提高对上市公司董事和高级管理人员绩效评价的质量，增强绩效评价的客观性和公正性。

2. 扩大激励对象

旧《准则》原规定的薪酬激励机制仅适用于经理人员，而新《准则》第五十八条则将激励对象扩展为高级管理人员和核心员工，将核心员工薪酬也纳入与公司绩效和个人业绩相联系的激励机制，更符合上市公司对于吸引人才和保持高级管理人员和核心员工稳定性的现实需求。通过这些修订，不仅提高了对上市公司董事和高级管理人员绩效评价的质量，同时也进一步健全了对相关人员的激励机制。

（六）推动其他市场主体参与公司治理

1. 鼓励机构投资者积极治理

投资者结构变化是公司治理不断演变的重要推手。伴随着持股比例的逐步增加，以机构投资者为代表的积极股东参与公司治理的诉求也日渐强烈。成熟市场的机构投资者通过积极行使建议、质询、表决和选聘董事等股东权利，在公司治理领域施加了越来越重要的影响力。近年来，我国证券投资基金、社保基金、企业年金以及银行信托保险的集合理财产品迅速发展，已经成为我国上市公司的重要投资者，其在公司治理中的积极作用日益凸显。然而旧《准则》对于机构投资者参与公司治理仅有一条非常宽泛的规定，未明确机构投资者的定义及其职责和行为规范，无法适应上市公司治理实践的发展。

基于上述背景并借鉴 OECD《公司治理准则》2015 年修订的经验，新《准则》在新增的“机构投资者及其他相关机构”专章（第七章）第七十八条至第八十条明确了机构投资者参与公司治理的原则性规定，为探索和建立机构投资者参与公司治理的具体制度安排预留了空间。

（1）明确机构投资者范围。新《准则》第七十八条采取了列举加概括的方式明确了机构投资者的范围包括“社会保障基金、企业年金、保险资金、公募基金的管理机构和国家金融监督管理机构依法监管的其他投资主体等机构投资者”。

（2）指出机构投资者参与公司治理的路径。新《准则》第七十九条通过引导性的条款，以列举的方式对机构投资者参与公司治理提供了可行的路径，包括建议机构投资者可以通过依法行使表决权、质询权、建议权等相关股东权利，以及参与重大事项决策，推荐董事、监事人选，监督董事、监事履职情况等途径参与上市公司治理，从而有序参与公司治理，推动公司治理的完善和企业经营绩效的改善。此外，这一条款的设置也有助于引导投资机构有序入市，扩大机构投资者在证券市场的投资规模，从而改变资本市场的投资者结构，乃至进一步影响资本市场的投资理念。

（3）确立机构投资者参与公司治理的信息披露原则。不同于 OECD《公司治理原则》中强制要求机构投资者披露其参与公司治理的关键信息（如公司治理与投票策略、利益冲突处置），新《准则》对于机构投资者参与上市公司治理的信息披露以倡导性原则为主，鼓励机构投资者公开披露其参与上市公司治理的目标与原则、表决权行使的策略、股东权利行使的情况及效果。

总之，增加机构投资者专章的修订，既是与 OECD《公司治理原则》2015 年最新修订的接轨与融合，更是结合当前我国社保基金、保险资金和公募基金等各类机构投资者参与公司治理的路径和方式的本土化实践探索。此外，修订内容也与 A 股加入 MSCI、QFII 新政和“沪深港通”等资本市场全面开放政策相适应，为更好地引入国际投资者，形成境外先进经验与本土市场相结合的探索联动奠定规则依据。

2. 重视中介机构在公司治理中的积极作用

新《准则》第八十一条新增规定证券公司、律师事务所、会计师事务所等中介机构在为上市公司提供专业服务时，应当积极关注上市公司治理状况，并要求上市公司审慎选择中介机构。中介机构作为第三方专业服务机构参与公司日常运作的同时，又独立于公司的管理层与控股股东、实际控制人，因此中介机构不仅可以对上市公司治理中存在的问题进行修正，同时也能在一定程度上制约管理层，从而形成公司治理的外部约束。

四、与其他规范形成合力

新《准则》在公司治理规则体系中的定位，一方面，《准则》要在《公司法》《证券法》框架下发挥作用；另一方面，对证监会此前就上市公司股东大会、章程指引、信息披露、股权激励、与投资者关系等颁布的分类规范指引，此次修订对上述内容做了整体性呈现，新《准则》实施后还应与之有效衔接。此外，《准则》要求落到实处，还须考虑与交易所、自律组织具体规则及执行挂钩，并与上述其他规范形成合力。

新《准则》的颁布为我国上市公司治理奠定了新的框架，但这只是完善公司治理的一个新起点而非终点。随后，监管机构应根据新《准则》，研究完善相关规章、规范性文件，指导证券交易所、中国上市公司协会等自律组织制定、修改相关自律规则，逐步完善上市公司治理规则体系；同时，加强对上市公司培训，强化上市公司完善治理、规范运作的自觉性，不断提高上市公司质量。

第二节　《中华人民共和国证券法》修订

2019 年 12 月 28 日，十三届全国人大常委会第十五次会议全体会议审议通过了《中华人民共和国证券法》（修订草案），修订后的《证券法》自 2020 年 3 月 1 日起施行。本次证券法修订作出了一系列新的制度改革完善，包括扩大证券法的适用范围；全面推行证券发行注册制度；显著提高证券违法违规成本；完善投资者保护制度；进一步强化信息披露要求等。作为资本市场的“根本大法”，证券法的此次修订，意味着资本市场的法治化、市场化进程又向前迈出了一大步，也为中国资本市场全面深化改革奠定了坚实的法律基础。

一、《证券法》历年修改过程

在本次全面修订之前，《证券法》自1998年12月29日被第九届全国人大常委会第六次会议通过，1999年7月1日起施行后，已经历了3次小的修正和1次大的修订，分别是：2004年8月28日第一次修正；2005年10月27日修订；2013年6月29日第二次修正；2014年8月31日第三次修正。法律的“修正”是指法定机关对法律的部分条款进行的修改，是局部的或个别的修改，而法律的“修订”则是指法定机关对法律进行全面的修改，是整体的修改。证券法的每一次修订和完善，不仅仅是适应资本市场发展变化的需要，也是为资本市场深化改革开放提供法治保障的要求。

（一）2004年第一次修正

为落实《中华人民共和国行政许可法》的要求，2004年8月28日第十届全国人民代表大会常务委员会第十一次会议通过《关于修改〈中华人民共和国证券法〉的决定》，对部分条款进行了修正。《证券法》删去第二十八条中关于股票溢价发行须经国务院证券监管机构批准的规定，将股票溢价发行价格由国务院证券监督管理机构批准修改为由发行人与承销的证券公司协商确定；第五十条中，公司申请其发行的公司债券上市交易“必须报经国务院证券监督管理机构核准”的规定也被删去，将公司债券上市申请的核准权由国务院证券监督管理机构下放至证券交易所，由证券交易所依照法定条件和法定程序核准。这些修订旨在推动股票发行询价机制改革和完善公司债场内交易机制。

（二）2005年第一次修订

2005年10月，《证券法》进行了第一次大面积修订，由原来的214条新增53条，删除27条，变为12章240条。增加的部分还包括了从《公司法》中并入的有关证券发行方面的内容共8条，修改面涉及《证券法》40%的条款。推进资本市场改革开放和稳定发展是贯穿修订的总则。此次修订的主要内容包括：（1）完善了上市公司的监管制度，提高上市公司质量。（2）加强对证券公司的监管，防范和化解证券市场风险。（3）加强对投资者特别是中小投资者权益的保护力度，建立证券投资者保护基金制度，明确对投资者损害赔偿的民事责任制度。（4）完善证券发行、证券交易和证券登记结算制度，规范市场秩序；明确客户交易资金所有权，严格禁止任何单位或者个人以任何形式挪用客户的交易结算资金和证券。（5）完善证券监管制度，加强对证券市场的监管力度。（6）强化证券违法行为的法律责任，打击违法犯罪行为。（7）对分业经营和管理、现货交易、融资融券、禁止国企和银行资金违规进入股市等问题进行了修订。

原《证券法》中“分业经营和管理”“禁止国企炒股”“禁止银行资金违规入市”等规定，在修改后的证券法中有了“新的说法”：修改后的《证券法》在相关条款强调分业管理的同时，新增“国家另有规定的除外”的表述；规定国有企业和国有资产控股的企业买卖上市交易的股票，必须遵守国家有关规定；“依法拓宽资金入市渠道，禁止违规资金流入股市”。这次大修适应了资本市场进一步深化改革、稳步有序发展的新形势。此次修法后，具有历史意义的股权分置改革开始实施并最终取得成功。

（三）2013 年第二次修正

根据 2013 年 6 月 29 日，中华人民共和国第十二届全国人民代表大会常务委员会第三次会议通过并公布的《全国人民代表大会常务委员会关于修改〈中华人民共和国文物保护法〉等十二部法律的决定》对《证券法》进行了第二次修正。此次修正，只修改一条，将第一百二十九条第一款修改为：“证券公司设立、收购或者撤销分支机构，变更业务范围，增加注册资本且股权结构发生重大调整，减少注册资本，变更持有百分之五以上股权的股东、实际控制人，变更公司章程中的重要条款，合并、分立、停业、解散、破产，必须经国务院证券监督管理机构批准。”此次决定自公布之日起生效。

（四）2014 年第三次修正

此次也是个别修改，主要有：（1）将第八十九条第一款中的“事先向国务院证券监督管理机构报送”修改为“公告”，第一款第八项中的“报送”修改为“公告”，并删去第二款。（2）删去第九十条第一款。（3）将第九十一条修改为：“在收购要约确定的承诺期限内，收购人不得撤销其收购要约。收购人需要变更收购要约的，必须及时公告，载明具体变更事项。”（4）将第一百零八条、第一百三十一条第二款中的“有《中华人民共和国公司法》第一百四十七条规定的情形”修改为“有《中华人民共和国公司法》第一百四十六条规定的情形”。（5）删去第二百一十三条中的“报送上市公司收购报告书”和“或者擅自变更收购要约”。

（五）2015 年后开启的第二次全面修订

在 2005 年第一次修订后的《证券法》实施 8 年之后，2013 年开始将《证券法》二次修订工作提上日程，前后持续了近 6 年时间，经历了全国人大常委会四次会议的审议，分别是：2015 年 4 月十二届全国人大常委会第十四次会议一审、2017 年 4 月十二届全国人大常委会第二十七次会议二审、2019 年 4 月十三届全国人大常委会第十次会议三审、2019 年 12 月十三届全国人大常委会第十五次会议四审。最终在第四次审议后通过。

与上述历次修订相比，本次全面修订的时间更长，也更复杂，这与其间我国资本市场的持续发展关系密切，各次送审稿条文变化之大实属我国法律修订史上罕见。其根本原因在于我国证券市场的建设思路与监管政策的调整，尤其是2015年股灾使《证券法》的修订思路产生了一些变化，国家开始更加注重对资本市场的风险防范和严厉监管。

2012 年以来，我国资本市场分别经历了 2012 ~ 2015 年的金融创新、2016 ~ 2018 年的防范金融风险及 2018 年底以来的金融供给侧改革三轮监管周期，与之相应的从宽松到收紧再到宽松的整体监管基调的变化深刻影响了此次《证券法》的修订。随着注册制改革步伐的推进和国务院试点注册制的期限届满，资本市场对基本法律制度的需求越来越急迫。在此背景下，为加快基本法律制度供给，2019 年 12 月 28 日，第十三届全国人大常委会第十五次会议审议通过了修订后的《证券法》。

二、《证券法》修订的理念及定位

（一）依法治市

市场经济是法治经济，证券市场建设只能借助法治。市场机制在庞大的市场中通过需求与供给的相互作用及灵敏的价格反应自如地支配经济运行，自由、灵活、有效、合理地决定着资源的配置与再配置。生产要素市场的培育和发展，是发挥市场在资源配置中决定性作用的必要条件，是发展市场经济的必然要求，而证券市场是生产要素市场的重要组成部分。依据法律法规规范建立健全的生产要素市场可以避免市场失灵，实现资源优化配置。大范围、高密度地全面深入推进资本市场法律制度建设，体现了证监会坚持市场化、法治化、国际化的资本市场发展方向和依法、从严、全面监管的治理理念。

（二）市场本位与政府本位的平衡与协调

党的十八届三中全会公报中指出："经济体制改革是全面深化改革的重点，核心问题是处理好政府和市场的关系，使市场在资源配置中起决定性作用和更好地发挥政府作用。"《证券法》的修改归根结底是市场本位还是政府本位的问题，有一些权力要给市场，有一些权力要归政府。纵观世界发达国家的证券市场，证券监管机构的职责在于是否健全法律环境，是否有真实的信息披露，至于股票能否发行还是应交由市场定夺。

（三）重典治乱与证券法治新常态

资本市场是财富二次分配的重要场地，我国资本市场充斥着"一夜暴富"

的神话、乱象丛生，林林总总的证券违法犯罪层出不穷，譬如，欣泰电气欺诈上市案件、九好集团忽悠式重组案、嘉寓股份欺诈发行、华锐风电财务造假等。治理新兴的资本市场，一方面，需要加大违法违规处罚力度。欺诈上市、恶意收购、违规减持、内幕交易、股价操纵、定增乱象等，严重扰乱了正常的市场秩序，也严重侵害了中小投资者的合法利益，亟须通过《证券法》来细化违法违规行为的认定，并提高处罚力度，"重典治乱"才能有力地震慑这些害群之马。另一方面，从规范治理角度看，建设与治理有机结合才能建立起规范有序、赏罚分明的证券法治市场。证券市场的参与者包括发行人、中介机构及投资者等，这些市场主体需要一个公平的市场环境和赏罚分明的制度。如果一些制度本身没有责任边界，出现问题后完全结果导向，最终会损害证券市场制度建设，无法建立良性互动、责任分明、规范有序的证券市场。

《证券法》是证券市场的根本大法，需要确立证券法治的立法要旨，统领其各项行政法规、国务院令、通知、规章以及其他规范性文件，形成证券法律体系，共同有机作用于证券市场及证券市场的参与者。只有证券法治进入新常态，才能实现其既定的治理目标。

三、此次《证券法》修订的政策背景

此次《证券法》修订是在我国资本市场迎来深化改革全面开放的新篇章、新时代背景下实施的。其间国家推出的重大政策主要有：十八届三中全会提出健全多层次资本市场体系，推进注册制改革；第五次全国金融工作会议明确了金融服务实体经济、防控金融风险和深化金融改革的三大主要任务；2018 年中央经济工作会议强调打造规范、透明、开放、有活力、有韧性的资本市场；2019 年国务院金融委员会第七次会议提出坚持市场化、法治化、国际化的资本市场改革方向；2019 年证监会全面深化资本市场改革工作座谈会制定了全面深化资本市场改革的 12 个方面重点任务；2019 年中央经济工作会议提出要加快金融体制改革，完善资本市场基础制度。因此，新《证券法》是在总结我国资本市场改革发展、监管执法、风险防控的实践经验基础上，承载了证券市场日益成熟规范的梦想。

四、新《证券法》的修订重点

（一）扩大证券法的适用范围

1. 证券范围的认定

相比之前《证券法》的规定，此次将证券范围在原有的"股票""公司债券"基础上，增加了"存托凭证"。从 2018 年开始，证监会就出台了创新企业境内发行股票或存托凭证试点相关办法，开展存托凭证试点工作，存托凭证已是国务院认定的一种证券，故此次增列进入证券品种，将其明确规定为法定证券；将资产支持证券和资产管理产品写入证券法，授权国务院按照证券法的原则规定资产支持证券、资产管理产品发行、交易的管理办法。同时，考虑到证券领域跨境监管的现实需要，明确在我国境外的证券发行和交易活动，扰乱我国境内市场秩序，损害境内投资者合法权益的，依照证券法追究法律责任等。新《证券法》删除证券衍生品的相关规定，由即将颁布的《期货法》专门规定。而增加资产支持证券和资产管理产品写入《证券法》等，说明规则标准将统一。同时，也进一步说明，新《证券法》在范围扩大的同时，针对性也进一步增强。

资产支持证券和资管产品份额的发行本质上属于证券发行，资管产品本身也是重要的证券市场投资者，从实质重于形式和功能监管的角度出发，这些品种理应纳入证券法调整范围。资产支持证券、资产管理产品等具有证券属性的金融产品由不同部门监管，导致监管标准、监管规则不完全统一，不但增加了监管难度，也无形中增加了企业的融资成本。此次《证券法》修订打破了监管壁垒，为建立统一的证券发行、交易、监管体系提供了法律依据，顺应了市场的创新和变化，体现资本市场功能监管的思路，有助于资本市场长期健康发展。

2. 公开发行的认定

旧《证券法》规定“向特定对象发行证券累计超过200人”即为公开发行，这让一些企业推行员工持股受到限制。新版修改明确“依法实施员工持股计划的员工人数不计算在内”，明显放宽了公开发行的相关限制，可有效促进企业实施员工持股计划。

3. 引入“证券交易场所”概念

新《证券法》充分考虑多层次资本市场建设实践，引入了“证券交易场所”概念。其中，新三板作为国务院批准的其他全国性证券交易场所，法律地位得到了进一步明确。使新三板由原来的自律监管和行政监管正式提升至法治监管的新高度，监管有了明确的法律依据，能做到有法可依。同时，也意味着新三板挂牌公司与上市公司相同，均需履行定期报告和临时报告披露义务，为新三板市场中投资者保护提供了法律保障，也为市场的长远发展预留了法律空间。

4. 增设“长臂管辖条款”

新《证券法》增设域外适用效力，即所谓“长臂管辖条款”，明确“在中华人民共和国境外的证券发行和交易活动，扰乱中华人民共和国境内市场秩序，损害境内投资者合法权益的，依照本法有关规定处理并追究法律责任”。在全球化背景下，跨境资本和资金频繁流动，尤其是沪港通、深港通、债券通开通之后，境内资本市场与海外联系日益密切。部分上市公司境外隐秘资产影响了境内市场秩序，亟须加强证券法的海外执行和财产的跨境追索，以及相关责任的跨境追究。通过采用宽广的管辖权规则实施域外使用效力，不仅能够保护本国投资者利益，而且还能为维护国际秩序和打击跨境证券违法犯罪提供契机。因此，扩宽证券法适用范围既有现实需求，也是各国通行的国际惯例。

（二）全面推行证券发行注册制

注册制的推进，将有效降低企业进入资本市场的门槛，进一步提高资本市场的市场化程度，激发市场活力。此次《证券法》的修订最大看点就是全面推行注册制，除了科创板之外，正在酝酿的还有创业板的注册制。因此，注册制虽然是全面的，但却是分步的，循序渐进的。将原来发行条件“具有持续盈利能力”改为“具有持续经营能力”，调整证券发行程序，在规定国务院证券监督管理机构依照法定条件负责证券发行申请注册的基础上，取消发行审核委员会制度，明确按照国务院和国务院证券监督管理机构的规定，证券交易所等可以审核公开发行证券申请，并授权国务院规定证券公开发行注册的具体办法。发行人报送的证券发行申请文件，应当充分披露投资者作出价值判断和投资决策所必需的信息，内容应当真实、准确、完整；同时，按照注册制改革精神，大幅简化公司债券的发行条件。

（三）增设“投资者保护”专章

新《证券法》突出强调了投资者权益保护，特别是中小投资者权益保护这一主线，并在第六章新设“投资者保护”专章，以提高投资者保护水平、完善投资者保护制度及为建设“规范、透明、开放、有活力、有韧性的资本市场”提供了坚实的制度保障。

1. 提升投资者保护高度

新《证券法》在投资者保护上最大的亮点莫过于在第六章新设“投资者保护”专章，实现了我国投资者保护证券立法集中规定从无到有的进步，是重大的制度创新。“投资者保护”专章包括第八十八条到第九十五条共计 8 条的内容，每一条制度规则都颇具特色。此外，新《证券法》中“投资者”一词出现的次数为 84 次，远高于修订前《证券法》中的 28 次，体现了对投资者保护的高度全面重视。

2. 强化投资者适当性管理，加强事前保护

新《证券法》投资者保护专章第八十八条规定了投资者适当性管理，实际上是对投资者的事前保护。要求证券公司向投资者销售证券、提供服务时，充分考量投资者的基本情况、财产状况、金融资产状况、投资知识和经验、专业能力等信息，如实履行风险告知义务，并提供与投资者上述状况相匹配的证券、服务。此外，第八十九条规定区分普通投资者和专业投资者，也是对投资者的事前保护，有针对性地做出投资者权益保护安排。

3. 重视投资者合法权益，加强事中保护

新《证券法》投资者保护专章第九十条、九十一条及九十二条分别就建立上市公司股东权利代为行使征集制度，允许特定主体公开请求上市公司股东委托其代为出席股东大会，并代为行使提案权、表决权等股东权利；完善上市公司现金分红制度、明确债券持有人会议和债券受托管理人制度进行了规定。这些均是基于我国投资者保护的现实需求而作出的法律制度安排，目的是加强对股票投资者和债券持有人合法权益的事中保护。

4. 优化投资者救济途径，加强事后保护

新《证券法》投资者保护专章第九十三条、九十四条及九十五条分别就先行赔付制度、证券调解及代表人诉讼进行规定，通过多元方式优化救济途径，加强对投资者事后保护。其中，第九十三条规定“发行人因欺诈发行、虚假陈述或者其他重大违法行为给投资者造成损失的，发行人的控股股东、实际控制人、相关的证券公司可以委托投资者保护机构，就赔偿事宜与受到损失的投资者达成协议，予以先行赔付。先行赔付后，可以依法向发行人以及其他连带责任人追偿”。第九十四条建立了普通投资者与证券公司纠纷的强制调解制度，规定“投资者与发行人、证券公司等发生纠纷的，双方可以向投资者保护机构申请调解。普通投资者与证券公司发生证券业务纠纷，普通投资者提出调解请求的，证券公司不得拒绝”。

特别需要指出的是，为适应证券发行注册制改革的需要，基于我国具体国情，新《证券法》第九十五条探索建立了符合中国国情的证券民事诉讼制度，规定了投资者保护机构受50名以上投资者委托，可以作为诉讼代表人，按照证券登记结算机构确认的权利人，向人民法院登记诉讼主体，依法为受害投资者提起民事损害赔偿诉讼。因此，在实践中，应加强证监会中小投资者服务中心的作用，强化其以持股投资者的形式对上市公司发起集体诉讼的功能。该诉讼中，除非投资者明确表示不愿意参加该诉讼，否则即视为投资者愿意加入该诉讼，是一种为投资者维护自身合法权益提供方便的制度安排。一方面明确了投资者保护机构可按“默示加入”“明示退出”的规则，提起代表人诉讼，代替投资者维权；另一方面，通过公告登记、代表人诉讼等方式也大大节约了司法资源，提高了司法效率，减轻了投资者的诉累，能够加强投资者保护力度，提高投资者司法维权的意愿。

（四）强化信息披露要求

信息披露是投资者了解上市公司治理结构、财务状况及经营管理的主要渠道，对投资者决策意义重大。信息披露的不透明一直以来被市场“诟病”，此次修订明确了上市公司董监高在信息披露工作中的权利责任划分，能在一定程度约束董监高行为，减少违法违规事件发生，有利于市场信息透明及市场环境改善。

新《证券法》设专章规定信息披露制度，系统完善了信息披露制度。包括扩大信息披露义务人的范围；完善信息披露的内容；强调应当充分披露投资者作出价值判断和投资决策所必需的信息；规范信息披露义务人的自愿披露行为；明确上市公司收购人应当披露增持股份的资金来源；确立发行人及其控股股东、实际控制人、董事、监事、高级管理人员公开承诺的信息披露制度等。

1. 新增信息披露义务的范围

（1）投资者用于收购股权的资金来源等信息。包括投资者“增持股份的资金来源”以及“在上市公司中拥有有表决权的股份变动的时间及方式”。

（2）发行人董事、监事、高级管理人员签署书面意见等相关信息。新《证券法》要求发行人董事、监事、高管要对证券发行文件和定期报告签署书面意见，如其对内容有异议的有权申请披露。

（3）信息披露义务人可自愿披露并公开承诺的相关信息。新《证券法》规定，控股股东、实际控制人、董事、监事、高管有权自愿披露与投资者价值判断和投资决策有关信息并公开承诺。

2. 信息披露义务的新增主要内容

（1）强调信息披露应对所有投资者公平。新《证券法》新增第八十三条，要求信息披露义务人披露的信息应同时向所有投资者披露，不得提前单独向任何单位和个人泄露。任何单位和个人不得非法要求信息披露义务人提供依法需披露但尚未披露的信息。任何单位和个人提前获知的前述信息，在披露前应保密。这些新增规定目的是抑制证券市场内幕信息滥用，最终保证所有投资者，特别是中小投资者成为信息披露受益者。

（2）应披露的重大事件范围有所扩大。新《证券法》第八十条，针对上市公司和股票在国务院批准的其他全国性证券交易场所交易公司的股票交易价格产生较大影响，且投资者尚未得知的“重大事件”，扩大了信息披露范围。新增应披露的重大事项包括：公司重大投资行为中购置资产的具体比例；提供重大担保或者从事关联交易的行为可能对公司的资产、负债、权益和经营成果产生重要影响；公司分配股利、增资的计划、公司股权结构的重要变化；公司的实际控制人及其控制的其他企业从事与公司相同或者相似业务的情况发生较大变化等。

（3）发行人董事、监事、高管成为证券发行文件的信息披露义务人。新《证券法》删除原《证券法》对上市公司董事、高管对公司定期报告的书面确认以及董事、监事、高管对所披露信息的保证义务，将上市公司董监高由信息披露“保证人”升级为信息披露“主要义务人”。

（4）明确了上市公司投资者应披露增持股份资金来源等信息。新《证券法》第六十四条要求投资者信息披露中增加“增持股份的资金来源”以及“在上市公司中拥有有表决权的股份变动的时间及方式”这一内容，该新增内容将有利于保证上市公司股权收购中资金来源的合法性，同时对上市公司法律风险防范提出了更高要求。

（5）控股股东、实际控制人、董事、监事、高管公开承诺的信息披露。新《证券法》第八十四条规定，包括控股股东、实际控制人、董事、监事、高管在内的所有信息披露义务人可自愿披露与投资者作出价值判断和投资决策有关的信息。一旦发行人及其控股股东、实际控制人、董事、监事、高管作出信息披露公开承诺，就无权拒绝披露。

3. 违反信息披露义务的法律责任

新《证券法》加大了违反信息披露规定应承担的法律责任，加重了信息披露违法成本，明确警示信息披露义务人。

（1）违反信息披露义务的行政处罚额大幅度提高。对于信息披露义务人报送报告或披露信息有虚假记载、误导性陈述或者重大遗漏的违法行为的，从最高处罚六十万元提高到处罚一千万元；对直接负责的主管人员和其他直接责任人员从最高罚款三十万元提高至五百万元。对于发行人的控股股东、实际控制人组织、指使从事虚假陈述行为，或者隐瞒相关事项导致虚假陈述的，最高可处罚一千万元。

（2）控股股东、实际控制人由过去的过错责任升级为过错推定责任。控股股东、实际控制人由过错责任升级为过错推定责任，旨在加强上市公司控股股东、实际控制人控制、管理、经营上市公司的责任心，加大对上市公司控股股东、实际控制人利用内幕消息进行不法交易的震慑力度，加重控股股东、实际控制人在民事诉讼中的举证责任并增大了败诉可能，这将更加有利于对投资者的保护。

新《证券法》第八十五条规定，对于未按规定披露信息、有虚假记载、误导性陈述或重大遗漏给投资者在证券交易中造成损失的，信息披露义务人应承担赔偿责任；发行人控股股东、实际控制人、董事、监事、高管和其他直接责任人及保荐人、承销的证券公司及其直接责任人，应与发行人承担连带赔偿责任，但能证明自己无过错的除外。

（3）新增信息披露公开承诺的披露义务及违反承诺的赔偿责任。新《证券法》第八十四条规定，发行人及其控股股东、实际控制人、董事、监事、高级管理人员等作出信息披露公开承诺的，必须披露公开承诺的信息，使得信息披露公开承诺成为一种法定义务。对于不履行公开承诺的上述信息披露义务人，如给投资者造成实际损失的，应依法承担相应的赔偿责任。

（五）完善证券交易行为

交易制度不完善一直是证券市场的“顽疾”，此次新《证券法》对于有关内幕交易、操纵市场以及减持制度、停复牌等制度都做了进一步的禁止性规定，使得这些处罚和规范上有了法律的明确约束，有利于遏制相关违法违规行为，维护市场健康稳定。具体内容包括：优化有关上市条件和退市情形的规定；完善有关内幕交易、操纵市场的法律禁止性规定；强化证券交易实名制要求，任何单位和个人不得违反规定，出借证券账户或者借用他人证券账户从事证券交易；完善上市公司股东减持制度；规定证券交易停复牌制度和程序化交易制度；完善证券交易所防控市场风险、维护交易秩序的手段措施等。

旧《证券法》第六十二条规定："对证券交易所作出的不予上市、暂停上市、终止上市决定不服的，可以向证券交易所设立的复核机构申请复核。"而新《证券法》对应的第四十九条中，则删去了"暂停上市"，改为："对证券交易所作出的不予上市交易、终止上市交易决定不服的，可以向证券交易所设立的复核机构申请复核。"由此可见，新《证券法》明确取消了证券暂停上市交易制度，退市不再需要经过暂停上市半年即可直接退市，对上市公司退市的监管将越来越严格。这些新规将对"僵尸企业"起到威慑作用，大幅度缩短退市周期，提高退市效率，更加强化市场的优胜劣汰功能。另外，明确依法拓宽资金入市渠道，但对禁入股市的资金来源从严监管，并特别加列禁止投资者违规利用财政资金、银行信贷资金买卖证券条款。

（六）完善强化证券监管

1. 落实"放管服"要求，取消相关行政许可

包括取消证券公司董事、监事、高级管理人员任职资格核准；调整会计师事务所等证券服务机构从事证券业务的监管方式，将资格审批改为备案；将协议收购下的要约收购义务豁免由经证监会免除，调整为按照证监会的规定免除发出要约等。此前可从事证券市场业务的会计师事务所仅有 40 多家，此次调整资格之后，更多的会计师事务所将可以从事证券业务，将有效激活会计服务市场。而要约收购的调整，也意味着市场效率的提高。

2. 压实中介机构市场"看门人"法律职责

新《证券法》对中介机构赋予了更多的法律法规责任，比如具体规定了承销中的不正当竞争行为，以及相应的民事责任等，将在一定程度遏制中介机构业务过程中的不良行为，有助于改善上市公司质量、提高中介机构服务能力以及维护市场健康发展。新法规定证券公司不得允许他人以其名义直接参与证券的集中交易；明确保荐人、承销的证券公司及其直接责任人员未履行职责时对受害投资者所应承担的过错推定、连带赔偿责任；提高证券服务机构未履行勤勉尽责义务的违法处罚幅度，由原来最高可处以业务收入 5 倍的罚款，提高到 10 倍，情节严重的，并处暂停或者禁止从事证券服务业务等。

3. 强化监管执法和风险防控

旧《证券法》打击违法行为力度明显不足，违法违规成本过低，导致欺诈发行、虚假披露、内幕交易、操纵市场等乱象丛生。因此，本轮证券法进行了多方面的修订。新《证券法》在券商业务监管、风险防范、推行注册制、投资者保护、诚信建设等方面进行了调整、优化和完善。比如给予监管单位更多的处置权限和具体的规定，新《证券法》调整和补充了多项对提高证券公司的风险防范水平的条款等。其中，明确了证监会依法监测并防范、处置证券市场风险的职责；延长了证监会在执法中对违法资金、证券的冻结、查封期限。第一百七十条第七项规定在调查操纵证券市场、内幕交易等重大证券违法行为时，经国务院证券监督管理机构主要负责人或者其授权的其他负责人批准，可以限制被调查的当事人的证券买卖，但限制的期限不得超过由原来的十五日延长至三个月；案情复杂的，可以延长由原来的十五日变更为三个月；规定了证监会为防范市场风险、维护市场秩序采取监管措施的制度；增加了行政和解制度、证券市场诚信档案制度；完善了证券市场禁入制度，规定国务院证券监督管理机构可以禁止被市场禁入的主体——违法行为情节严重的有关责任人员一定期限内买卖在证券交易所、国务院批准的其他全国性证券交易场所交易的证券。

五、新《证券法》实施的影响

（一）公司债券迈入市场化注册发行新阶段

新《证券法》于2020年3月1日正式实施，在全面推行证券发行注册制度背景下，公司债券发行也迈入了市场化注册发行的新阶段。中煤能源2020年面向专业投资者公开发行公司债券获上交所同意受理，成为公开发行公司债券实施注册制后首单获得交易所受理的公司债项目。

此次公开发行公司债券实施注册制，法律法规方面有五大调整，涉及对公司债发行条件、申请上市条件、信息披露要求等多方面修订。其中，对公司债券发行条件的优化备受关注：删除发行人净资本金额的要求、扩展发行主体、删除债券余额受净资产的限制、删除前次公开发行公司债券尚未募足不得再次公开发行公司债券的限制、删除一年以下期限的公司债券不能上市的限制等。公司债券公开发行条件上，删除了“最低公司净资产”“累计债券余额不超过公司净资产的40%”等条件，新增“具备健全且运行良好的组织机构”的条件。而对于公司债券申请上市交易条件，删除了“公司债券的期限为一年以上”等条件，授权证券交易所对公司债券上市条件作出具体规定。除符合《证券法》规定的条件外，还应当具有合理的资产负债结构和正常的现金流量。

新规将负债结构的决定权交还给发行人自身，减少了对债券融资行为的干预，充分体现了融资行为市场化的精神。公开发行条件简化，资金用途更加灵活，40%比例限制和净资产规模要求的放开等均有利于市场扩容，企业债券、公司债券净供给将会上升。这一改革是“宽信用”政策的延续，从融资端刺激信用扩张，可有效改善债券融资过度萎缩的困境，同时增加融资供给亦是稳投资的重要抓手，未来随着信用债发行的增多，一定程度上也能改善实体经济融资环境。

（二）新证券法贯彻实施推进

2020年3月1日，国务院办公厅印发《关于贯彻实施修订后的证券法有关工作的通知》（以下简称《通知》），部署做好修订后的《中华人民共和国证券法》贯彻实施工作。《通知》指出，本次《证券法》修订对深化金融供给侧结构性改革，健全具有高度适应性、竞争力、普惠性的现代金融体系，维护国家经济金融安全具有重要意义。各地区、各有关部门要做好学习宣传，分类分层开展培训，不断提高证券行政执法人员依法行政、依法监管、依法治市能力；要加快清理完善相关规章制度；证监会、司法部等部门要对与证券法有关的行政法规进行专项清理，及时提出修改建议；有关部门要对照证券法修订后的新要求，抓紧组织清理相关规章制度，做好立改废释等工作，做好政策衔接。

（三）助推《刑法》《公司法》修订，有望形成联动效应

加大对证券违法行为的处罚力度是众望所归，是市场、监管、学界等各方的共同呼声。证券违法成本提高有助于严厉惩治并震慑违法行为，进一步肃清市场，促使发行人进行合法合规操作，推动资本市场健康有序发展。在一定程度上，提高罚额也有利于对投资者进行保护。根据我国法律，证券类别的犯罪行为和其他的犯罪行为的处罚均由刑法规范。原则上讲，《证券法》的修订并不必然导致证券犯罪方面的刑度增加。因此，接下来还须在《刑法》、《公司法》的修订中，加大证券违法的处罚力度，进而与《证券法》修订一同形成联动效应，

（四）稳步推进证券公开发行注册制

证监会应会同有关方面，进一步完善科创板相关制度规则，提高注册审核透明度，优化工作程序。研究制定在深圳证券交易所创业板试点股票公开发行注册制的总体方案，并积极创造条件，适时提出在证券交易所其他板块和国务院批准的其他全国性证券交易场所实行股票公开发行注册制的方案，相关方案经国务院批准后实施。在证券交易所有关板块和国务院批准的其他全国性证券交易场所的股票公开发行实行注册制前，继续实行核准制。

（五）资本市场发展进入新的历史阶段

第一，新《证券法》为进一步完善资本市场基础制度明确了方向。《证券

法》修订完善本身夯实了诸多资本市场基础制度，并对制定相应的配套行政法规和监管规章、规则作出了必要的授权。

第二，为全面推进以注册制为龙头的资本市场改革提供了坚强的法制保障。考虑到注册制改革是一个渐进过程，新《证券法》授权国务院对证券发行注册制的具体范围、实施步骤进行规定，为平稳实施注册制留出了必要空间。在注册制全面推开之前，根据上述法律授权，部分板块、证券品种的公开发行，还将会依国务院安排，继续按照修改前的证券法规定实行核准制。

第三，有利于进一步改善资本市场生态环境。新《证券法》通过顶层制度设计，厘清了不同市场主体的权利义务边界，有利于促进市场各方归位尽责，进一步树立守法诚信的法治观念和契约精神，逐步形成市场参与者自我约束、自我规范、自我促进的良性市场机制，加大对违法违规行为的威慑。注册制的全面推行能够提高资本市场运行效率，缓解此前 IPO“堰塞湖”现象；并通过加强供给，改善当前资本市场的定价机制，引导市场资金“价值投资”。

第四，有助于强化资本市场服务实体经济发展的功能发挥。新《证券法》不仅通过确立证券发行注册制，完善股票、公司债券公开发行制度来方便优质企业高效融资；还通过完善上市公司收购制度，引导资源向更有利于实体经济发展的方向流动。新《证券法》出台一方面有助于大力发展股权融资，另一方面将推动存量上市公司的优胜劣汰，两者将共同推动实体经济高质量发展。

第五，新《证券法》确立了多项投资者保护新制度，重点解决了信息来源不对称、人微言轻、维权贵、救济难等一直困扰中小投资者的问题，有利于增强市场信心。

（六）催化新的核心资产

当前中国经济正处于从投资驱动转向创新驱动的历史拐点。作为一个系统工程，制度创新能够培育新的经济增长动能和股市龙头冠军，催化核心资产。投资者应在股票市场上挖掘能够赢得未来的公司并长期持有。由于中国市场资产在全球范围内具有高性价比，将吸引外资持续流入；养老金需要保值增值，A 股市场是养老金基于长期投资理念入场的重要投资机会。银行理财子公司、政策鼓励保险资金入市，都将会在很大程度上重塑 A 股市场机构博弈格局，因此，A 股市场投资者机构化是大趋势，具有长期投资价值的核心资产将成为市场的主要驱动力。

（七）对投资银行并购业务的影响

1. 员工持股计划人数不纳入 200 人计算

新《证券法》第九条规定“向特定对象发行证券累计超过二百人的，依法实施员工持股计划的员工人数不计算在内”，对原有200人限制进行了条件性突破，有利于标的企业重组前根据经营需要，适时开展股权激励，增强企业并购交易前的经营灵活性，也使并购方案设计获得一定灵活性。

2. 扩大短线交易核查范围

新《证券法》第四十四条规定“所称董事、监事、高级管理人员、自然人股东持有的股票或者其他具有股权性质的证券，包括其配偶、父母、子女持有的及利用他人账户持有的股票或者其他具有股权性质的证券”，将董监高等的配偶、父母、子女均纳入短线交易禁止序列，扩大了财务顾问执业中关于短线交易事项的核查范围。

3. 完善内幕信息以及内幕信息知情人的界定

新《证券法》第五十一条进一步完善了内幕信息知情人范围界定，将因业务往来获取内幕信息的人员，上市公司收购人或重组方及其控股股东、实控人、董监高，因职务、工作可以获取内幕信息的人员均纳入内幕信息知情人的界定。同时，将第八十条第二款、第八十一条第二款作为内幕信息定义，丰富了内幕信息的界定。此外，第一百九十一条提高了对利用内幕信息进行内幕交易的处罚措施。

4. 明确持有5%以上大股东增减持操作

新《证券法》第六十三条规定，“持有一个上市公司已发行的有表决权股份达到百分之五后，其持有该上市公司已发行的有表决权股份比例每增加或者减少百分之一，应当在该事实发生的次日通知上市公司，并予公告……在该事实发生之日起至公告后三日内，不得再行买卖该上市公司股票”；同对于违规行为作出“买入后的三十六个月内，对超过规定比例部分的股票不得行使表决权”的处罚措施。“有表决权股份”也明确了5%以上股东的计算方法，即持有“有表决权股份”，一般即指普通股，优先股等没有表决权的股份无须计算在内。

5. 明确增持资金来源

实践中，收购资金来源已经是重要的信息披露内容，此次修订将资金来源明确作为需要公告的内容。

6. 要约收购期内条件不能缩水

新《证券法》第六十八条明确了收购要约期限内的禁止情形，包括降低收购价格、减少收购份额、缩短收购期限等，对要约收购进行条件性限制，要约收购期内的基本收购条件不能缩水，要变更只能加码。

7. 延长收购人股份锁定期限

新《证券法》第七十五条规定，收购人持有被收购的上市公司的股票，从在收购行为完成后的十二个月，延长至十八个月，延长收购人的锁定期限，强化收购人责任，稳定上市公司股权结构有利于公司治理。据此推断，发行股份购买资产的交易中，支付对价股份的锁定期可能被相应延长。

（八）证券行业分化加剧

新《证券法》正式实施，资本市场增量改革政策陆续落地，带动存量业务改革，为券商拓宽经营疆界，加速行业变革。

1. 证券行业分化加剧

伴随证券违法成本的大幅提升，证券公司面临的各类连带责任加重，对外潜在责任加码，展业谨慎度将随之提高。新《证券法》提高了券商未履行勤勉尽责义务的处罚力度，由原来“处以违法所得一倍以上五倍以下的罚款”提升至“一倍以上十倍以下的罚款”，“没有违法所得或者不足三十万元的，处以三十万元以上六十万元以下的罚款”改为“没有违法所得或者不足一百万元的，处以一百万元以上一千万元以下的罚款”。整体而言，头部券商的抗风险实力相对较强，券业头部化趋势将更加显著，资源亦更为集中。资本金充足、实力雄厚的头部券商，在自营、投行业务方面展业优势明显。不过，专注于某类业务、走精品路线的券商，亦将获得生存空间。

2. 业务模式变革在即

A股打新收益将下降，壳资源将贬值，机构投资者和指数投资比重上升，成交量向龙头股集中。从行业来看，注册制将直接利好券商，从投行业务到证券全业务模式也会随之发生变革。长期来看，券商业务模式在市场改革中转型升级，改革红利将成为券商新一轮盈利能力提升的核心驱动因素，各项业务将伴随资本市场改革而逐步解决经营痛点。

3. 行业业绩增厚可期

2020年证券行业盈利水平将继续回升。基于科创板平稳运行的经验总结及新《证券法》的制度保障，创业板改革并实施注册制条件较为成熟，股权发行体制重构将扩围，预计创业板注册制落地速度将加快，券商投行业绩增厚可期，投行业务能力较强的券商将显著受益。

参考文献

[1] 朱宝宪. 公司并购与重组 [M]. 北京：清华大学出版社，2006.

[2] 张启梁. 试论推行股票发行注册制面临的风险和改革的途径 [D]. 北京：中国青年政治学院，2015.

[3] 陈凯. 注册制条件下发行信息披露的法律问题 [D]. 上海：华东政法大学，2015.

[4] 高升. 注册制下上市公司差异化信息披露制度之构建 [D]. 重庆：西南政法大学，2015.

[5] 李延鹏.《中华人民共和国证券法》修改的方向研究——注册制改革 [D]. 兰州：兰州大学，2015.

[6] 李奕. 论我国上市公司注册制改革下的信息披露制度 [D]. 重庆：西南政法大学，2015.

[7] 孙钊昭. 中国新股首次公开发行注册制改革法律问题研究 [D]. 北京：北京交通大学，2015.

[8] 潘敏. 中国股票发行注册制改革问题研究 [D]. 武汉：武汉大学，2015.

[9] 吴国舫. 构建我国股票发行注册制的法理逻辑 [D]. 武汉：武汉大学，2015.

[10] 闫冠群. 股票公开发行注册制法律问题研究 [D]. 北京：北方工业大学，2016.

[11] 廖原. 股票发行注册制下的信息披露法律问题研究 [D]. 长春：吉林大学，2016.

[12] 封文丽. IPO 注册制下上市公司信息披露制度优化 [J]. 财会月刊，2015 (16)：14 - 18.

[13] 周友苏，杨照鑫. 注册制改革背景下我国股票发行信息披露制度的反思与重构 [J]. 经济体制改革，2015 (1)：146 - 150.

[14] 奚晓明. 完善与注册制配套的民事责任制度 [J]. 证券法苑，2015，14 (1)：9 - 15.

[15] 孙兰芳. 浅析股票发行注册制后中小投资者所面临的风险 [J]. 市场周刊 (理论研究)，2015 (2)：86 - 87.

[16] 李文华. 中国式注册制下的信息披露监管问题探析 [J]. 西南金融，2015 (3)：34 - 37.

[17] 李东方. 证券发行注册制改革的法律问题研究——兼评 “《中华人民共和国证券法》修订草案” 中的股票注册制 [J]. 国家行政学院学报，2015 (3)：44 - 49.

[18] 李曙光. 新股发行注册制改革的若干重大问题探讨 [J]. 政法论坛，2015，33 (3)：3 - 13.

[19] 叶林. 关于股票发行注册制的思考——依循 “证券法修订草案” 路线图展开 [J]. 法律适用，2015 (8)：11 - 16.

[20] 苗玉坤. 注册制下保荐人法律制度完善研究 [J]. 法制博览，2015 (10)：205 - 206.

[21] 吉娜. 注册制下完善证券发行信息披露制度的对策建议 [J]. 行政与法，2015 (12)：121 - 124.

[22] 马丽华，孙晓伟. 注册制下完善上市公司信息披露制度的思考 [J]. 中国管理信息化，2015，18 (17)：4 - 6.

[23] 汤欣，魏俊. 股票公开发行注册审核模式：比较与借鉴 [J]. 证券市场导报，2016

(1)：4 - 16.

[24] 冷静．注册制下发行审核监管的分权重整［J］．法学评论，2016，34（1）：171 - 178.

[25] 肖立强，郭玲．我国股票发行制度的注册制改革研究——基于美国注册制视角的比较分析［J］．北方金融，2016（2）：37 - 43.

[26] 卿固，方欣．注册制下上市公司自愿性会计信息披露探析［J］．大连大学学报，2016，37（4）：125 - 128.

[27] 赖衍禹．股票发行注册制改革下监管审核分权重整的法经济学分析——基于对证券法一读草案的解读［J］．海南金融，2016（8）：36 - 40.

[28] 董佳慧，苏杭．我国股票发行注册制下中小投资者所面临的风险及对策［J］．对外经贸，2016（9）：117 - 119.

[29] 雷星晖，柴天泽．股票发行注册制改革：利益衡平之下的监管分权和配套建制［J］．经济问题，2016（10）：34 - 37.

[30] 封文丽，郭延辉．由央企重组潮看中国上市公司并购新特点［J］．金融经济，2016（14）：15 - 18.

[31] 李晗．注册制改革中的法律完善［J］．法制博览，2016（15）：187.

[32] 封文丽，卢素艳．IPO 注册制下证券市场投资者保护研究［M］．北京：中国社会科学出版，2017.

[33] 封文丽，王郅雅．中国特色投资者教育制度研究［J］．北方金融，2018（12）：72 - 78.

[34] 马欣．A 股入"摩"入"富"后又入标普道琼斯 外资流入再提额［EB/OL］．经济日报·中国经济网，2018 - 12 - 07. http：//finace. ce. cn/stock/gsgdbd/201812/07/t20181207. 3097821. shtml.

[35] 周琳．重磅！从 5% 增至 20%，MSCI 大幅提高 A 股权重［EB/OL］．中经网传媒有限公司．中国经济网，2019 - 03 - 01. http：//finace. ce. cn/stock/.

[36] 刘幸．人民币债券纳入国际级债券指数［N］．广州日报，2019 - 04 - 08.

[37] 封文丽，李晓可．浅析科创板企业上市定价问题［J］．北方金融，2019（5）：33 - 38.

[38] 郭林．银行助力 PTA 期货国际化［N］．期货日报，2019 - 07 - 30.

[39] 封文丽，吕佳垚．浅析科创板的交易制度［J］．海南金融，2019（8）：74 - 82.

[40] 吴娟娟．富时罗素：A 股纳入因子提升可期计划设立更多 A 股在岸指数［N］．经济日报，2019 - 09 - 21.

[41] 封文丽，韩佳颖．科创板注册制下上市公司信息披露的探究［J］．吉林金融研究，2019（10）：33 - 39.

[42] 封文丽，薛银雪．注册制下科创板退市制度优化研究［J］．华北金融，2020（1）：73 - 79.

[43] 沈宗斌．新《中华人民共和国证券法》关于信息披露制度的主要变化［EB/OL］．环球网，2020 - 04 - 23. http：//www. huanqiu. com/a/c36dc8/3xwz1khaMNE.

[44] 柴华．创业板注册制改革启动哪些上市规则的修改值得关注？［EB/OL］．新华网，

2020 - 04 - 29. http：//www. xinhuanet. com/fortune/2020 - 04/29/.

[45] 武司宇. 创业板注册制开闸，壳资源价值扫地？[EB/OL]. 凤凰网财经，2020 - 04 - 29. http：//finance. iferg. com/c/TW40qqXstlk.

[46]《中华人民共和国证券法》2019 年修订版.

[47] 中国证监会《上市公司治理准则》（2018 修订）.

[48] 中国证监会官网. http：//www. csrc. gov. cn/.

[49] 中国证券业协会官网. https：//www. sac. net. cn/.

[50] 上海证券交易所官网. http：//www. sse. com. cn/.

[51] 深圳证券交易所官网. http：//www. szse. cn/.

[52] 中国金融期货交易所官网. http：//www. cffex. com. cn/.

[53] 香港交易所官网. https：//www. hkex. com. hk/.

[54] 纽约证券交易所官网. https：//www. nyse. com/index.

[55] Daniel J. Morrissey. The Road not Taken：Rethinking Securities Regulation and the Case for Federal Merit Review，44 U. Rich. L. Rev.（2009 - 2010）.

[56] SEC. What we do [EB/OL]. http：//www. sec. gov/about/whatwedo. shtml#intro，Mar. 12，2015.

[57] IOSCO. Key regulatory standards [EB/OL]. http：//www. iosco. org/about/? subsection key regulatory standards，Mar. 13，2015.

[58] SEC. Blank check company [EB/OL]. http：//www. sec. gov/answers/blankcheck. htm，Mar. 23，2015.

[59] Ahmad - Zaluki N. A. Campbell K. Goodacre A. The long run share price performance of Malaysian initial public offering [J]. Journal of Business Finance & Accounting，2006（34）：78 - 110.

[60] Chan K，Wang J，John Wei K C. Underpricing and long - term performance of IPOs in China [J]. Journal of Corporate Finance，2004（10）：409 - 430.

[61] Chi J，Padgett C. The performance and long - run characteristics of the Chinese IPO market [J]. ISMA，2002（9）：3 - 19.

[62] John C. Coffee，Joel Seligman and Hillary A Sale，Securities Regulation [M]. Tenth Edition. Foundation Press，2007.

[63] Tomas Lee Hazen，The Law of Securities Regulation 7th（Hornbook Series），West Academic Publishing.，2017.

[64] Brian J. Wilder，The Securities and Exchange Commission：Background，Issues，Bibliography [M]. Novinka publisher，2003.

[65] Robin Huihang. Regulation of Securities Offerings in China：Reconsidering the Merit Review Element in light of the global financial Crisis [J]. Hong Kong Law Journal，2011，41（10）：267.

[66] Yu Guanghua, Wang Jianyu. The political logic of securities regulation in China [J]. SSRN Electronic Journal, 2010.

[67] Thomas Lee Hazen. The Law of Securities Regulation [M]. Sixth Edition West Publishing Co. 2008: 26 –28.

[68] Louis Loss, Joel Seligman. Fundamentals of Securities Regulation [M]. Aspen publishers, 2011: 10.

[69] 2011. U. S. Securities and exchange commission. commons letters [EB/OL]. http: //www. sec. gov/.

[70] 2012. U. S. Securities and exchange commission. Introduction to the Blue Sky Laws [EB/OL]. http: //www. sec. gov/.

[71] Ben-Shahar, E. Scheider. The futility of cost-benefit analysis in financial disclosure regulation [J]. Journal of Legal Studies, 2014: 43.